ラジオで語った政治学

浅野一弘【著】
Asano Kazuhiro

同文舘出版

はしがき

　2018年4月から，STVラジオ「まるごと！　エンタメ～ション」という番組のなかで，「THE　浅野流」というコーナーを担当している。毎週金曜日午後4時10分ごろからのわずか12～3分のあいだだけではあるが，聴取者の方々に，政治に対する関心をもっていただこうと，自分なりに工夫をしてきたつもりである。コーナー自体は，みじかい時間ではあるものの，毎週，そのための準備に多大な時間を費やしてきた。そうするうちに，1回きりの放送で終わりにするのではなく，話の内容を文字にしてのこすことができないかと思うようになった。その成果が，本書である。

　スタジオでとりあげるテーマについては，制作者側のリクエストをいただくこともたまにはあるが，基本的には，筆者がとりあげたいことがらばかりといっても過言ではない。このように，10分ちょっとのあいだ，マイクのまえで，好き勝手に話してよいというのが，この「THE　浅野流」というコーナーである。

　そのときどきにおこった政治事象をとりあげることに留意しつつも，政治に関心をいだいていただくためには，どのような話題がいいのかと思案し，毎週，テーマ設定してきたつもりだ。したがって，本書をとおして，少しでも多くの方々に，政治への関心をたかめていただければ，幸甚である。

　なお，放送では，すばらしいシャレの数々を披露しているが，本書ではあえて，それらをカットした。そのため，若干，おもしろみにかける内容といえなくもない。だが，その分，本書では，おのおののテーマをより深く掘りさげたつもりである。読者諸氏の忌憚のないご批判をちょうだいできれば，と考えている。

　　2019年2月

　　　　　　　　　　　　　　　　　　　　　　　　　　浅野　一弘

● もくじ

はしがき　*i*

第1回　公文書の意味　*1*

- 小説『1984年』の世界　*3*
- 森友文書の改ざん　*5*

第2回　公文書と官僚制　*13*

- 地方自治体と公文書　*14*
- 日本における公文書管理　*16*

第3回　日米首脳会談　*21*

- 安倍・トランプ会談の概要　*23*
- マスメディアによる評価　*26*

第4回　政治家の失言　*31*

- 失言の政治史　*32*
- なぜ，失言はくり返されるのか？　*34*

第5回 「55年体制」 　39

- 保守合同の理由　40
- 鉄の三角形　43

第6回 野党の審議拒否と参考人招致・証人喚問　49

- 日本における議事妨害　50
- 参考人招致と証人喚問　53

第7回 国会はダイエット中!?　59

- 二院制の意義　60
- のぞましい定数は？　64

第8回 衆参両院の委員会と「働き方改革」　69

- 「働き方改革」とは？　71
- 「働き方改革」の問題点　74

第9回 銃規制と利益集団　79

- 映画「ボウリング・フォー・コロンバイン」　81
- NRAの政治力　83

第10回 文化というパワー　　89

- 日本のアニメとアイドル　*91*
- 日本のもつパワー　*93*

第11回 史上初の米朝首脳会談　　99

- なにが話しあわれたのか？　*101*
- 米国と北朝鮮の思惑　*104*

第12回 国会の種類!?　　109

- 臨時と特別の国会？　*111*
- きんきからい？　*115*

第13回 日本の独立　　119

- マッカーサーとダレス　*121*
- 独立後の沖縄　*125*

第14回 242回目のバースデー　　129

- ワシントンのことば　*131*
- 米国外交の大転換　*135*

第15回 「国権の最高機関」としての国会　139

- 三権分立とは？　　　141
- アリストテレスも注目した権力分立？　　144

あとがき　149
索　引　151

ラジオで語った政治学

第1回　公文書の意味

(2018年4月6日)

　みなさんは，「こうぶんしょ」と聞いて，どのような漢字を思い浮かべるであろうか。おそらく，大部分の人は，「公文書」という字を連想されるであろう。だが，筆者は，すぐに，「好分書」という文字を思い描いてしまった。というのは，2018年3月2日付の『朝日新聞』に，「森友文書，書き換えの疑い　財務省，問題発覚後か　交渉経緯など複数箇所」という見出しがおどったからである[*1]。この記事では，つぎのように報じられている。

> 　学校法人・森友学園（大阪市）との国有地取引の際に財務省が作成した決裁文書について，契約当時の文書の内容と，昨年2月の問題発覚後に国会議員らに開示した文書の内容に違いがあることがわかった。学園側との交渉についての記載や，「特例」などの文言が複数箇所でなくなったり，変わったりしている。複数の関係者によると，問題発覚後に書き換えられた疑いがあるという。

　この報道に接して，まさか，"官庁のなかの官庁"といわれる財務省にかぎって，そのようなことはないであろうと，大半の者が思ったにちがいない。しかし，「財務省は12日，与党幹部に対し，書き換えがあったことを認める報告を行った」ことで，文書の改ざんが事実と判明した。この日の『朝日新聞』には，「財務省，書き換え認める　昭恵氏の名前削除　理財局指示，答弁と整合性図る　森友問題」との見出しがでた[*2]。エリート集団の財務省において，国民をあざむくという，予想だにしない事態が生じていたのである。

そもそも、森友問題の契機は、2017年2月9日付の『朝日新聞』の社会面に掲載された記事であった[*3]。

> 財務省近畿財務局が学校法人に払い下げた大阪府豊中市内の国有地をめぐり、財務局が売却額などを非公表にしていることが分かった。朝日新聞が調査したところ、売却額は同じ規模の近隣国有地の10分の1だった。国有地の売却は透明性の観点から「原則公表」とされており、地元市議は8日、非公表とした財務局の決定の取り消しを求めて大阪地裁に提訴した。

おなじ記事のなかに、「森友学園が買った土地には、今春に同学園が運営する小学校が開校する予定。籠池理事長は憲法改正を求めている日本会議大阪の役員で、ホームページによると、同校は『日本初で唯一の神道の小学校』とし、教育理念に『日本人としての礼節を尊び、愛国心と誇りを育てる』と掲げている。同校の名誉校長は安倍晋三首相の妻・昭恵氏」とあった[*4]。この「安倍昭恵」という名前が、その後、財務省をゆるがすこととなった。

ところで、驚いたことに、行政機関による文書の改ざんは、今回の森友文書がはじめてではなかった。「決裁文書書き換えの過去事例として、どのようなものがあったか、該当する政府機関、時期・概要などを、示されたい」とする小宮山泰子・衆議院議員（希望の党）の質問主意書に対して[*5]、安倍晋三内閣は、以下のような回答をおこなったのである[*6]。

> お尋ねの「過去事例」としては、現時点で把握している限りでは、平成十九年に厚生労働省東北厚生局が行政機関の保有する情報の公開に関する法律（平成十一年法律第四十二号）に基づく開示請求に対し、開示すべき決裁文書について、その記載の一部を削除することや、原本とは異なる文書に差し替えることにより、当該決裁文書の原本とは異なる文書を開示した事例や、平成二十六年に厚生労働省職業能力開発局（当時）が、短期集

中特別訓練事業の入札に係る仕様書等について，決裁を終えた後に，決裁権者の了解を得ることなく変更した事例があるが，これらの事例に係る文書は国会には提出されていない。

　改ざんされた文書が国会に提出されていないとはいえ，これまでも，公文書の改ざんがおこなわれてきていたということは，驚愕の事実である。だが，今回の財務省による森友文書の改ざんほど，大々的なものは前代未聞であろう。それゆえ，この文書改ざん事件は，われわれに大きな衝撃をあたえたのだ。

小説『1984年』の世界

　このニュースにふれた筆者は，すぐさま，『1984年』という小説を思いだした。同書は，作家ジョージ・オーウェルによって，あらわされたものである*7。そのあらすじは，「主人公ウィンストンは，真理省に働く役人で，その仕事は歴史の偽造である。党が何かの決定をするや否や，それに都合の悪い文献は全部しらみつぶしに捜して，その文章を書き改めるか，削除してしまう。このようにして過去の事実そのものを党の決定に応じて変えるのだ。この仕事に対するウィンストンの疑惑が，やがて彼の破滅に導く。彼は，同じように自分の仕事に興味をもてないジュリアという女性と親しくなる。やがて，ふたりの結びつきを党に見つけられて，拷問され，『同じ拷問をジュリアにもしろ！』と大声で叫ぶ自分に気づいて，バネを失った人間になる。こうして無気力になった彼の心の底から，彼の個性を破壊しつくした党への愛情が，限りなく湧き上がってくるところで小説は終わる」というものだ*8。要するに，権力者が，自分たちにとって，都合のいいように事実を歪曲していくのが，『1984年』である。そこでは，事実と異なる"正史"をつくるために，文書の改ざんがくり返される。

　今回の森友学園のケースでも，財務省にとって好都合な部分と都合の悪

い部分とをうまく分割し，同省の見解にそった記述のみで構成された，「好分書」を作成したといえるのではなかろうか。筆者は，デモクラシーを享受する日本において，こうした事態が存在するとは夢想だにしなかった。『1984年』の世界は，あくまでも，全体主義国家においてのみみられる現象でしかないと思っていたからである[*9]。この認識がいかにあまいものであったのかということを痛感したのが，今回の森友学園をめぐる文書改ざん問題であった。

では，公文書とは，本来，どのようにあるべきものなのであろうか。日本の公文書管理法（＝「公文書等の管理に関する法律」）・第 1 条には，つぎのように明記されている。

> この法律は，国及び独立行政法人等の諸活動や歴史的事実の記録である公文書等が，健全な民主主義の根幹を支える国民共有の知的資源として，主権者である国民が主体的に利用し得るものであることにかんがみ，国民主権の理念にのっとり，公文書等の管理に関する基本的事項を定めること等により，行政文書等の適正な管理，歴史公文書等の適切な保存及び利用等を図り，もって行政が適正かつ効率的に運営されるようにするとともに，国及び独立行政法人等の有するその諸活動を現在及び将来の国民に説明する責務が全うされるようにすることを目的とする。

この規定からもわかるように，今回の財務省の対応は，公文書管理のあり方として，あるまじき行為といえる。まさに，デモクラシーの根幹をゆるがす事態であり，同時に，小説『1984年』の世界そのものである。

ところで，日本において，「国民主権の理念にのっとり，行政文書の開示を請求する権利につき定めること等により，行政機関の保有する情報の一層の公開を図り，もって政府の有するその諸活動を国民に説明する責務が全うされるようにするとともに，国民の的確な理解と批判の下にある公正で民主的な行政の推進に資することを目的とする」（情報公開法・第 1

条），情報公開法（＝「行政機関の保有する情報の公開に関する法律」）が成立したのは，1999年5月7日で，施行されたのは，2001年4月1日であった[*10]。だが，その"車の両輪"ともいうべき公文書管理法は，そこから遅れること10年たった2009年6月24日に成立し，2011年4月1日から，ようやく施行されている始末である[*11]。文書管理の専門家のことばを借りるならば，「公文書管理法ができる前は，公文書管理に関する簡単な規定が情報公開法の中にあるだけで，情報公開と文書管理は車の両輪といわれながらも，いわば片肺飛行の状況だったわけ」で，「公文書管理の一般法である公文書管理法ができ，初めて真の意味で車の両輪が揃うことになった」のだ。周知のように，「米国では1950年に連邦記録法が，1966年に情報自由法が制定されている」し，イギリスにおいても，「1958年に公記録法が，2000年に情報自由法が制定されている」ように，「アメリカやイギリスでは，情報公開法ができる前に，そのインフラとなる公文書の管理に関する法律」がつくられているのである[*12]。このことについては，衆議院の内閣委員会でなされた「公文書等の管理に関する法律案に対する附帯決議」（2009年6月10日）のなかでも，「公文書管理と情報公開が車の両輪関係にあるものであることを踏まえ，両者の適切な連携が確保されるよう万全を期すること」と記されているし[*13]，参議院内閣委員会での「公文書等の管理に関する法律案に対する附帯決議」（2009年6月23日）においても，「公文書管理と情報公開が車の両輪関係にあるものであることを踏まえ，両者が適正かつ円滑に実施されるよう万全を期すること」との文言がもりこまれている[*14]。

森友文書の改ざん

さらに，今回の森友学園との関連でいえば，衆議院での附帯決議では，「国民に対する説明責任を果たすため，行政の文書主義の徹底を図るという本法の趣旨にかんがみ，軽微性を理由とした恣意的な運用のなされるこ

とのないよう，万全を期すること」が，参議院のそれでは，「国民に対する説明責任を果たすため，行政の文書主義の徹底を図るという本法の趣旨にかんがみ，外交・安全保障分野も含む各般の政策形成過程の各段階における意思決定に関わる記録を作成し，その透明化を図ること。また，軽微性を理由とした文書の不作成が恣意的に行われないようにするとともに，文書の組織共用性の解釈を柔軟なものとし，作成後，時間を経過した文書が不必要に廃棄されないようにすること」が，おのおの，明記されている[*15]。にもかかわらず，財務省は，恣意的に，森友学園に関する文書を改ざんしていたのだ。したがって，今回の森友文書書きかえ事件を目にすると，はたして，そこに，「公文書等が，健全な民主主義の根幹を支える国民共有の知的資源として，主権者である国民が主体的に利用し得るものである」との意識がはたらいていたのかという疑問をいだかざるを得ない。

こうした認識は，メディアでも共有されているようで，たとえば，『朝日新聞』の「（社説）森友と財務省　事実を調査し，公表を」では，「森友学園への国有地売却問題で，財務省が作成した文書をめぐる新たな疑惑」だけでなく，「加計学園の問題」や「防衛省が『廃棄した』」としつつも，「その後，存在が判明した」，「南スーダン国連平和維持活動（PKO）の日報」の問題にもふれつつ，「公文書の管理は情報公開とともに，国民の『知る権利』を支える車の両輪である」とし，「その重さに目を向けず，自らに都合の悪い文書は認めない。そんなふるまいが横行していたなら，国民への背信である」と断じているのが注目にあたいする[*16]。『毎日新聞』でも，「公文書は国民の共有財産だ。保存の対象について，時の権力者が勝手に決めていいものではない」「管理法と情報公開法は，車の両輪のように『国民の知る権利』を支えるものだ。安倍政権は公文書管理の意味をはき違えてはならない」との指摘がなされた，「社説：公文書管理のルール　権力者のためではない」がかかげられたことがある[*17]。

さて，今回の森友文書改ざん事件をみて痛感するのは，「政治家の恣意，官僚の恣意が，公文書管理に大きな影響を与えています」という指摘であ

る。このままの状態を「放置すれば，『表に出やすいもの』だけが行政文書になっていく可能性」が大であることは，論をまたない。これこそ，「国民に対する説明責任を蔑ろにすること」であって，「公開された情報を元に政治を評価することが当たり前にならなければ，この国の民主主義は，さらなる劣化をたどる」にちがいない[*18]。だからこそ，われわれは，いま一度，公文書管理法・第1条の「この法律は，国及び独立行政法人等の諸活動や歴史的事実の記録である公文書等が，健全な民主主義の根幹を支える国民共有の知的資源として，主権者である国民が主体的に利用し得るものであることにかんがみ，国民主権の理念にのっとり，公文書等の管理に関する基本的事項を定めること等により，行政文書等の適正な管理，歴史公文書等の適切な保存及び利用等を図り，もって行政が適正かつ効率的に運営されるようにするとともに，国及び独立行政法人等の有するその諸活動を現在及び将来の国民に説明する責務が全うされるようにすることを目的とする」という文言を思いおこすとともに，同法の"車の両輪"ともいうべき情報公開法・第1条の「この法律は，国民主権の理念にのっとり，行政文書の開示を請求する権利につき定めること等により，行政機関の保有する情報の一層の公開を図り，もって政府の有するその諸活動を国民に説明する責務が全うされるようにするとともに，国民の的確な理解と批判の下にある公正で民主的な行政の推進に資することを目的とする」という条文も，胸に刻みこむ必要があるのではなかろうか。

注

* 1 『朝日新聞』2018年3月2日，1面。
* 2 同上，2018年3月12日（夕），1面。
* 3 同上，2017年2月9日，38面。
* 4 同上。
* 5 「質問第一七三号　決裁文書書き換えに関する質問主意書」（2018年3月20日提出）（http://www.shugiin.go.jp/internet/itdb_shitsumon_pdf_s.nsf/html/shitsumon/pdfS/a196173.pdf/$File/a196173.pdf〔2018年4月5日〕）。

なお，質問主意書とは，国会法・第74条の規定（「各議院の議員が，内閣に質問しようとするときは，議長の承認を要する」〔1項〕および「質問は，簡明な主意書を作り，これを議長に提出しなければならない」〔2項〕）にもとづいて作成されるもので，「議長又は議院（議長が承認しないで，異議が申し立てられた場合）の承認した質問については，議長が質問主意書を印刷して議員に配布し，内閣に転送する（国会法75条1項）」こととなる。そして，「内閣は，質問主意書を受け取った日から7日以内に答弁しなければならない」とされている。万一，「その期間内に答弁することができないときは，その理由及び答弁することができる期限を明示することが必要」となってくる。ちなみに，「この答弁は答弁書でなされることもあるし，口頭でなされることもあるが，答弁書でなされることが多い」ようだ。なお，「内閣の答弁書は，議長がこれを印刷して，各議員に配布する（衆規158条，参規153条）」こととなっているという（浅野一郎・河野久編『新・国会事典』〔第3版〕〔有斐閣，2014年〕，161頁）。

＊6　「内閣衆質一九六第一七三号」（2018年3月30日）（http://www.shugiin.go.jp/internet/itdb_shitsumon_pdf_t.nsf/html/shitsumon/pdfT/b196173.pdf/$File/b196173.pdf〔2018年4月5日〕）。

＊7　ちなみに，「オーウェルが『一九八四年』を書き終えたのが一九四八年」のことであり，「一九八四年は末尾の二つの数字を逆にした三六年後の世界であった」。小説では，「前もって何の説明もないが，それは革命が裏切られ，全体主義支配が完全に成立した社会であった」ことを付言しておく（河合秀和『イギリス思想叢書12　ジョージ・オーウェル』〔研究社出版，1997年〕，251頁）。

＊8　鶴見俊輔「解説　オーウェルの政治思想」ジョージ・オーウェル著，鶴見俊輔訳者代表『オーウェル著作集Ⅰ』（平凡社，1970年），528頁。

＊9　安倍晋三政権と全体主義との関連については，浅野一弘「安倍晋三論―『全体主義』の文脈で『新しい国へ』を読む―」長谷川雄一＝吉次公介＝スヴェン・サーラ編『危機の時代と「知」の挑戦』〔下巻〕（論創社，2018年）を参照されたい。

＊10　http://www.meti.go.jp/intro/consult/disclosure/data/a010101j.html（2018年4月5日）。

＊11　https://www8.cao.go.jp/chosei/koubun/kako_kaigi/kako_kaigi.html（2018年4月5日）。

＊12　https://www.archive-support.com/column/093.html（2018年4月5日）。

＊13　http://www.shugiin.go.jp/internet/itdb_rchome.nsf/html/rchome/Futai/naikaku5901E9FCB66666D4492575D20007B8D1.htm（2018年4月5日）。

＊14　参議院内閣委員会「公文書等の管理に関する法律案に対する附帯決議」（2009年6月23日）（http://www.sangiin.go.jp/japanese/gianjoho/ketsugi/171/f063_062301.

pdf〔2018年 4 月 5 日〕）。
＊15　ただ，ここで確認しておきたいのは，衆議院，参議院ともに，附帯決議において，「公文書管理と情報公開が車の両輪関係にあるものである」と明記しておきながら，内閣府のホームページに，「公文書管理法の適用対象となる機関等は，国のすべての行政機関（公文書管理法において『行政機関』と定義），行政機関と同様に国民に対する説明責任を自ら有する独立行政法人等（同『独立行政法人等』），そして国や独立行政法人等から歴史公文書等（歴史資料として重要な公文書その他の文書）の移管を受ける施設（同『国立公文書館等』）となっています」とあるように（https://www8.cao.go.jp/chosei/koubun/about/kikan/kikan.html〔2018年 4 月 5 日〕），立法部については，公文書管理法が適用されないという不備があるということだ。同様に，衆議院のホームページでは，情報公開法についても，「衆議院事務局（以下『事務局』という。）は，情報公開法の趣旨を踏まえ，国民に対する説明責任を果たすために，事務局が保有する議院行政文書の開示の取扱いについて規程等を定め，平成20年 4 月 1 日から情報公開制度の運用を行っています」とあるものの，「国会は，『行政機関の保有する情報の公開に関する法律』（以下『情報公開法』という。）の対象とされていません」という事実にも留意する必要がある。しかも，衆議院事務局の情報公開制度には，「衆議院の立法及び調査に係る文書（本会議・委員会等の運営や立法活動・調査活動に関わる文書）は議院行政文書に含まれません」という点も付言しておく（http://www.shugiin.go.jp/internet/itdb_annai.nsf/html/statics/osirase/jyouhoukoukai.htm〔2018年 4 月 5 日〕）。
＊16　『朝日新聞』2018年 3 月 3 日，16面。
＊17　『毎日新聞』2017年 6 月26日， 5 面。
＊18　瀬畑源『公文書問題―日本の「闇」の核心―』（集英社，2018年），146頁。

第2回 公文書と官僚制

(2018年4月13日)

　公文書についての理解を深めるにあたって，公文書と緊密な関係にある官僚制の意味について考えてみよう。

　官僚制とは，「現代におけるもっとも重要な概念の一つ」とされており，「社会の仕組みや政治のあり方を分析し，批判しようとする場合に欠かせない理論的道具だてを提供している」ものである[*1]。この「官僚制（bureaucracy）という言葉の起源は，さほど古いものではないとされているが，その最初の部分は，ラテン語のburrusに出るといわれている。それは，暗いくすんだ色を意味するもの」で，「荘厳であると同時に悪業をも蔽いかくすに都合のよい色だともされている。古代フランス語では，役所が公示をする場所のテーブル・クロスを意味したといわれている。このことは，言葉をかえれば，古い時代の役人ですら，自分たちの肘を支えるに足るだけのほんとうのテーブルとは目さなかったことを意味している。テーブル・クロスから始まって，それによって蔽われたテーブルがビューローと呼ばれ，ついで事務室自身にも適用されるにいたった。ビューロークラティの語を公務について始めて用いたのは，一八世紀フランスの商務大臣ヴァンサン・ド・グルネ（Vincent de Gournay）であるとされている。そしてこの言葉が他国にも浸透し，ことに一九世紀のドイツで流行するにいたった」のだ[*2]。この「官僚制なる概念は，もともとは政府の官吏（＝官僚）に対する，または官吏制に支えられた政府の行政組織（＝行政官僚制）に対する，『呪いのことば』であった」という。だが，「20世紀に入って，ドイツのロベルト・ミヘルス（R. Michels）とマックス・ウェーバー（M. Weber）などの新しい官僚制論があらわれるにいたって，高度に多義的な概念に一躍変貌してしまった」。たとえば，「ミヘルスはその大著『政党社

会学』(1911年)において，官僚制ないしは官僚制化（bureaucratization）の概念を用いながら，社会主義諸政党並びに労働組合などの組織内部においても，党員ないしは組合員の階層分化が進み，少数の指導者が多数の大衆を支配する『少数支配の鉄則』というべき現象が発生すること，事務局の書記たちが大きな実権をもつにいたることを解明した」[*3]。

また，マックス・ウェーバーの名もでていたが，「日本にもウェーバーのファンはいまなお多く，ウェーバー研究は世界最高の水準にあるともいわれている」ものの，現実には，「ウェーバーの官僚制についての研究は現在ではほとんどなされていない」ようである。そのため，「ウェーバーの官僚制論は過去の研究であるように見える」かもしれない。だが，ウェーバーの議論は，「官僚制論の原点」ともいうべきもので，「やはり無視して通り過ぎることはできない」業績といえよう[*4]。そのウェーバーによると，「官僚制は，合法的支配を実現するメカニズムとして位置づけられる」ものであって，「官僚制とは，ヒエラルキー組織であり，かつ公式化を進めた組織である。その帰結として，官僚制の行動は予測可能性と非人格性がきわめて高いものになる。誰が役職に就いているかによって左右されることなく，また，事案ごとに判断基準が異なることなく，安定的かつ統一的に業務が遂行される。それゆえ，官僚制は合法的支配を可能とする」というわけだ[*5]。

では，ウェーバーが「『理念型』として打ちだした官僚制」とは，どのようなものなのであろうか。それは，「(ア) 規則によって明示された権限（分業の合理化），(イ) 階統制（上からの命令の下降と下からの責任の上昇），(ウ) 公－私の分離（公的職務領域と私的生活領域との分離），(エ) 文書による事務処理，(オ) 専門能力（能力による採用・昇進）などの諸原則によって特色づけられた，もっとも合理的な組織である」。そこでは，「主観的，恣意的な要素は排除され，機械のごとき正確性，能率性，恒常性を確保し，生じうる結果を計算することが可能となる（計算可能性）」。このような「官僚制は，それがもつ高度の技術的優秀性のゆえに現代社会

において不可欠のものとして受けいれられ，政府はむろんのこと，政党や企業，労働組合などをもふくめて，一般的な組織のあり方として広く社会のすみずみにまでいきわたることになる」とされる[*6]。

「このような官僚制の出現を鋭い問題意識で受けとめ，画期的な意義をもつ理論図式をつくりあげたのが，ドイツの社会科学者マックス・ウェーバーであった」との評価がある一方で[*7]，先述したように，「ウェーバーの官僚制についての研究は現在ではほとんどなされていない」というのが実状であるようだ。その背景には，ウェーバーが，「官僚制の合理的側面のみに関心を払ったにすぎない」との批判がある。たとえば，ロバート・マートンは，「官僚制はその行動を規則の支配に委ねている。官僚のパーソナリティは，しばしば自己の役割に応えようとして，慎重，規律，方法という価値を重んじる。しかしこのことが，必要とされる変化にさえ反対する集団規範をも創り出す。これらのことは，官僚制がどのように行動するかについての予測可能性を高めるが，同時に，柔軟な行動ができない」というもので，「市民との間に軋轢が生じる」こともある。これこそが，「官僚制の逆機能」とよばれるものである[*8]。くわえて，「17世紀のイギリスで役所の公文書を赤色の紐でしばって保存しておいた慣行に由来し，保存そのものが目的化してしまうことを批判的に表す」レッド・テープ（繁文縟礼）ということばにみられるように[*9]，文書による事務処理が強調されすぎると，非効率な行政運営におちいってしまうとの懸念もあろう。しかしながら，衆議院内閣委員会および参議院内閣委員会において，おのおの可決された，「公文書等の管理に関する法律案に対する附帯決議」をみると，そこには，「国民に対する説明責任を果たすため，行政の文書主義の徹底を図るという本法の趣旨」との文言が明記されている[*10]。ということは，21世紀になってもなお，官僚制において，文書主義が緊要であることは明白である。だからこそ，遅ればせながらではあるが，日本において，公文書管理法（＝「公文書等の管理に関する法律」）が制定されたのである[*11]。この背景には，「官僚制においては，組織内で行われるあらゆ

る討論，処分，命令が，文書を通じて行われる。それによって，組織を通じた事務処理の経過が蓄積される」ことの意義があるはずだ[*12]。

地方自治体と公文書

　ところで，公文書管理法・第34条には，「地方公共団体は，この法律の趣旨にのっとり，その保有する文書の適正な管理に関して必要な施策を策定し，及びこれを実施するよう努めなければならない」とあり，「この規定に基づき，地方公共団体が適正な文書管理に努めていく」ことが求められているのはいうまでもない。公文書管理法では，「適正な文書管理によって，行政を適正かつ効率的に運営し，現在及び将来の国民に対する説明責務を果たしていくことは，地方においても国と同様に求められるもの」である。とはいえ，「憲法における地方自治の本旨を尊重すれば，地方公共団体の文書管理については，法律で規制するのではなく，それぞれの地方公共団体が，条例を自律的に制定すること等で対応していくことが適当」との判断から，結局，上記のように，「努力義務として規定」されたのであった[*13]。

　では，ここで，「平成29年10月１日現在での公文書管理条例の制定状況等について調査を行った」結果に注目しよう。「公文書管理条例等の制定状況に関する調査について」という資料では，「都道府県47団体（100.0％），指定都市20団体（100.0％），市区町村（指定都市を除く。）1,605団体（93.3％）が公文書管理条例等※を制定済である」と明記されている。ポイントは，文中にある※印である。これは，脚注をあらわしており，「条例のほか，規則，規程，要綱等で定めている場合がある」と書かれている[*14]。そこで，そのしたにある，「公文書管理条例等の制定状況—調査結果—」という資料で，もう少しくわしくみてみると，興味深い数値が得られた。制定ずみとされた47都道府県中，公文書管理の「条例」を定めているのは10.6％（5団体）で，じつに，85.1％（40団体）は「規則・規程・要綱等」で定めて

いるにすぎないのだ（「その他」：4.3％〔2団体〕）。20の政令指定都市の場合は，「条例」：20.0％（4団体），「規則・規程・要綱等」：75.0％（15団体），「その他」：5.0％（1団体）で，市区町村にいたっては，「条例」制定ずみは1割にも満たない，わずか0.7％（12団体）しかなく，「規則・規程・要綱等」は92.0％（1,583団体），「その他」は0.6％（10団体）となっている。とりわけ，市区町村では，6.7％（116団体）が「定めていない」となっているのが，気にかかる。公文書条例などを定めていないと回答した116の市区町村の「公文書管理条例等の制定予定について」は，「制定に向けて検討中」が0.9％（1団体），「制定するかどうかも含め検討中」が21.6％（25団体）あるなかで，「検討していない」とのケースが77.6％（90団体）におよんでいることに驚きを禁じ得ない（「不要」：0.0％〔0団体〕）。さらに，「検討していない」とした90団体の「検討していない又は不要の理由について」で，もっとも多いのは，「条例等を制定するための体制が整っていない」の48.9％（44団体）であった。今後，日本社会の人口減少はさらにすすんでいくはずだ。そうなると，職員数の削減もすすみ，これらの市区町村では，対応をとらないままの状態がつづきかねない。また，「現段階で制定する必要が無い」も41.1％（37団体）あるが，公文書管理に対するこうした認識不足は，迅速に改善していく必要があろう（「その他」：10.0％〔9団体〕）。その意味で，「公文書の誤廃棄を防止するための対策について〈複数選択可〉」で，市区町村の15.3％（264団体）が，「何もしていない」と回答していることには戦慄を覚える（「廃棄する際，複数人での確認体制」：42.5％〔732団体〕，「職員研修，知識の習得，意識付け」：23.2％〔400団体〕，「廃棄手続きマニュアルの作成」：18.0％〔310団体〕，「その他」：6.1％〔105団体〕）[*15]。

　地方分権改革の動きは，1993年6月3日の「地方分権の推進に関する決議（衆議院）」と翌4日の「地方分権の推進に関する決議（参議院）」を受けてはじまったといっても過言ではない。衆議院の決議では，「地方公共団体の自主性，自律性の強化を図り，二十一世紀に向けた時代にふさわし

い地方自治を確立することが現下の急務である」とされ[*16]，参議院の決議では，「地方公共団体の自主性，自律性の強化を図り，二十一世紀にふさわしい地方自治を確立することが現下の急務である」とされており[*17]，若干の文言のちがいこそあれ，ともに，地方自治体のになうべき役割に対して，大きな期待をいだいていることは一目瞭然である[*18]。決議にある自主性ということばは，「他に頼らず，自分の力で考えたり行なったりすることのできる性質」であり[*19]，自律性のほうは，「自分で自分の行ないを規制するような性質」であるそうだ[*20]。ということは，市区町村において，公文書管理のための体制整備をすすめていくことは必然といってよかろう。もし，「条例等を制定するための体制が整っていない」というのであれば，近隣の市区町村とサポートしあうという方策も考えられるし，地域住民との協働によるという方法もとり得るのだ。1つの役所のなかだけで自己完結させなければならないという"こだわり"をすて，充実した公文書管理の体制を構築していくべきであろう。なぜなら，「文書管理は，自治体が公正にして民主的な行政運営をするための基盤である」からだ[*21]。今後，地方自治体によるよりいっそうの努力が求められることはいうまでもなかろう。

日本における公文書管理

かつて総務事務次官をつとめた増島俊之は，「とりわけ政治・行政の歴史を知る上で，記録文書の存在は大切です。政治・行政の歴史を何百年，何千年と遡らなくても，わずか数年前，数十年前であっても，そのときの組織体の活動が，的確に記録され，保管され，いつでも取りだして参照することが可能であるとすれば，その組織体は，国であれ，地方自治体であれ，高い行政能力の組織体であるということができます。その意味で文書管理の優劣は行政水準の指標となるものです」と断じている。さらに，増島は，「私は，大切な文書記録を読むときに，いつもこの文書は誰が記録し，

誰がどのように保管したのだろうかと思いを馳せます。そのような文書記録の保管は，ある特定の人の思いつきでは不可能です。そのためにはシステムの存在とそのシステムにしたがって真剣に記録保管に従事した数多くの無名の人びとの努力があります。そのような人びとが積み重ねてきた努力に対する感謝の思いがいつも心の底にあります」とつづける[*22]。このことばは，中央省庁を想定して語られたものかもしれない。だが，地方自治体においても，十分通用する内容である。

　ふたたび，前出の「公文書管理条例等の制定状況調査結果」に目をもどすと，「公文書館の設置について」という部分で，「設置済み」は，都道府県の70.2％（33団体），指定都市の40.0％（8団体），市区町村の5.6％（97団体）となっている。要するに，都道府県の29.8％（14団体），指定都市の60.0％（12団体），市区町村の94.4％（1,624団体）は，「未設置」状態にある。これらの「未設置」団体に対して，「公文書館の設置予定について」問うたところ，「検討していない」が都道府県の42.9％（6団体），指定都市の41.7％（5団体），市区町村の85.4％（1,387団体）となった。それどころか，「不要」とするところも，都道府県で7.1％（1団体），市区町村で7.7％（125団体）もあった（指定都市は0.0％〔0団体〕）[*23]。こうした数値からは，自主性・自律性の強化された地方自治体という姿は，まったくみえてこない。こうした地方自治体の行動によって，マイナスをこうむるのは，住民であるということをいま一度，想起すべき必要があるのではなかろうか。

　だが，こうした事態は，地方自治体にのみいえることではない。たとえば，「公文書管理法案が国会で審議される過程で，国会議員にもすっかりお馴染みになった数字がある」という。それは，「42と2500」で，「前者は日本の国立公文書館の職員数，後者は米国立公文書記録管理院（NARA：National Archives and Records Administration）の職員数である」。これらの数値から，たとえ，公文書館があったとしても，「いかに日本の公文書館が貧弱であるか」という事実が浮き彫りになる。しかも，「見劣りす

るのは，米国との比較だけでない」ようで，「内閣府が公文書の管理等に関する有識者会議に提出した資料によれば，国立公文書館の職員数はイギリス580人，フランス460人，オーストラリア450人，韓国300人という数字が並ぶ。中国やマレーシアを含めて，職員数は3ケタが普通」で，「職員数でみた場合，日本は概ね諸外国の10分の1ということになる」[*24]。これこそが，日本の国レベルにおける公文書管理の実態なのである。

　では，どうして，日本における公文書管理の意識はこれほどまでにひくいのであろうか。最後に，「明治期の公務員は，『天皇の官吏』であったことから，国民に対する説明責任を負っていませんでした。そのため，自分たちが作成する公文書の管理方法は，自分たちが必要だと思うものは残す，必要ないものは捨てるという考えに基づいていました。したがって，政策の実行に必要な決裁文書は網羅的に残りますが，その政策を決める途中過程の文書の多くは不要として廃棄されていったのです。彼らにとっては『決まったこと』が重要なのであって，決める過程の文書は不要なものでした。結果として，途中過程が重要な文書と認識される外務省などの行政機関以外では，途中過程の文書は公文書としてあまり残りませんでした」とする指摘を紹介しておこう[*25]。しかし，こうした状況では，あとから，政策の決定過程を検証しようとしても，真実がみえてこないということを忘れてはならない。

注

* 1　井出嘉憲「官僚制」『万有百科大事典　11―政治　社会―』（小学館，1973年），83頁。
* 2　吉富重夫「官僚制論と行政学」辻清明編者代表『行政学講座　第1巻―行政の理論―』（東京大学出版会，1976年），132-133頁。
* 3　西尾勝『行政学』〔新版〕（有斐閣，2001年），162-163頁。
* 4　真渕勝『行政学』（有斐閣，2009年），456頁。
* 5　曽我謙悟『行政学』（有斐閣，2013年），198頁。
　　ちなみに，ウェーバーによると，「支配は，支配者と被支配者とにおいて，権利

根拠，つまり支配の『正当性』の根拠によって，内面的に支えられるのが常であり，この正当性の信念を動揺させるときは，重大な結果が生ずるのが常である」ようだ。この「支配の『正当性根拠』には，完全に純粋な型としては，ただ三つのものがあるにすぎない。この三つのそれぞれは，純粋な型においては，行政幹部や行政手段のまったく異なった社会学的構造を伴っている」として，「正当的支配の三つの純粋型」を提示する。1つめが，「制定規則による合法的支配」であり，「最も純粋な型は，官僚制的支配である」と述べている。2つめの「伝統的支配は，昔から存在する秩序と支配権力との神聖性，を信ずる信念にもとづいている」もので，「最も純粋な型は家父長制的な支配」とされる。最後の「カリスマ的支配は，支配者の人と，この人のもつ天与の資質（カリスマ），とりわけ呪術的能力・啓示や英雄性・精神や弁説の力，とに対する情緒的帰依によって成立する」そうだ。「最も純粋な型は，予言者・軍事的英雄・偉大なデマゴーグの支配である」という（マックス・ウェーバー著，世良晃志郎訳「支配の社会学」マックス・ウェーバー著，阿部行蔵訳者代表『ウェーバー　政治・社会論集』〔新装版〕〔河出書房新社，1988年〕，241頁，243頁および246頁）。

* 6　井出，前掲「官僚制」前掲書『万有百科大事典　11』，84頁。

* 7　同上。

* 8　村松岐夫『行政学教科書』〔第2版〕（有斐閣，2001年），150頁。

* 9　辻隆夫「レッド・テープ」大学教育社編『新訂版現代政治学事典』（ブレーン出版，1998年），1070頁。

*10　「公文書等の管理に関する法律（本則，附則，附帯決議）」http://www.archives.go.jp/publication/archives/wp-content/uploads/2015/03/acv_37_p42.pdf（2018年4月10日）。

　　ここでいう附帯決議とは，「特に，法律案・予算・決算等の付託案件の採決の際に行う当該法律案等についての所管行政機関に対する要望，運用上の注意等を内容とする決議」のことであり，「附帯決議は，一般的には，本案採決の直後動議により提出され，決議されたときは，所管の国務大臣又は副大臣等が所信を述べている」ようだ（浅野一郎・河野久編『新・国会事典』〔第3版〕〔有斐閣，2014年〕，148頁）。

*11　日本では，「平成19年に入り，薬害肝炎患者リストの放置問題や給油艦の航泊日誌の誤廃棄などの不適切な事例が発生したことを契機として，これまで区々だった各行政機関での文書管理を見直し，政府における統一的なルールの下での文書管理について定めた公文書管理法を制定すべきだという機運が高まりました」とのことだ（岡本信一・植草泰彦『Q&A　公文書管理法』〔ぎょうせい，2009年〕，6頁）。

*12 牧原出「官僚制理論」西尾勝・村松岐夫編『〈講座　行政学〉第1巻　行政の発展』（有斐閣，1994年），265-266頁。

*13 岡本・植草，前掲書『Q&A　公文書管理法』，101頁。

*14 「公文書管理条例等の制定状況に関する調査について」（http://www.soumu.go.jp/main_content/000542521.pdf〔2018年4月10日〕）。

*15 総務省自治行政局行政経営支援室「公文書管理条例等の制定状況調査結果」（2018年3月）（http://www.soumu.go.jp/main_content/000542521.pdf〔2018年4月10日〕）。

*16 https://www.cao.go.jp/bunken-suishin/archive/category04/archive-19930603.html（2018年4月10日）。

*17 http://www.sangiin.go.jp/japanese/san60/s60_shiryou/ketsugi/126-22.html（2018年4月10日）。

*18 「地方分権の推進に関する決議」に端を発する地方分権改革の動向については，たとえば，浅野一弘『現代地方自治の現状と課題』（同文舘出版，2004年），1-42頁を参照されたい。

*19 日本国語大辞典第二版編集委員会・小学館国語辞典編集部編『日本国語大辞典』〔第二版〕〔第六巻〕（小学館，2001年），675頁。

*20 日本国語大辞典第二版編集委員会・小学館国語辞典編集部編『日本国語大辞典』〔第二版〕〔第七巻〕（小学館，2001年），463頁。

*21 廣田傳一郎『Q&A　実践新公文書管理―AKFの理論と実務―』（ぎょうせい，2010年），3頁。

*22 増島俊之「推薦のことば―文書管理に光が当てられている時代の備え―」同上，ⅰ－ⅱ頁。

*23 総務省自治行政局行政経営支援室，前掲「公文書管理条例等の制定状況調査結果」（2018年3月）。

*24 松岡資明『日本の公文書―開かれたアーカイブズが社会システムを支える―』（ポット出版，2010年），25-26頁。

*25 瀬畑源『公文書問題―日本の「闇」の核心―』（集英社，2018年），4-5頁。

第3回 日米首脳会談

(2018年4月20日)

　アメリカンセンターJapanから，不定期で，「最新の米国政策情報」というメールが送られてくる。ちょうど，2018年4月20日には，「フロリダでの日米首脳会談」として，「トランプ大統領と安倍総理大臣は4月17日－18日，フロリダのマール・ア・ラーゴで2日間にわたり首脳会談を行い，北朝鮮問題や貿易問題などについて話し合いました」との内容のメールが届いた[*1]。そのなかにある「トランプ大統領と安倍首相の日米首脳会談」には，以下のような記載があった[*2]。

　　2018年4月18日
　　ホワイトハウス報道官室

　　　4月17～18日，マール・ア・ラーゴにおいて，ドナルド・トランプ大統領と安倍晋三首相は3回目の首脳会談を行い，北朝鮮問題で共有する意志を強固にし，平和と安定，そして法の支配に基づく国際秩序に対する全ての新たな脅威に立ち向かうため，日米同盟の能力を高めるという強い決意を確認した。両首脳は，自由で開かれたインド太平洋および日米経済関係の強化に向け取り組むことを共に表明した。
　　　トランプ大統領と安倍首相は，永続的かつ検証可能な北朝鮮の非核化の実現に向けた決意を確認した。また，北朝鮮は全ての大量破壊兵器および弾道ミサイル計画を放棄すべきであることを再確認した。トランプ大統領と安倍首相は，北朝鮮が非核化するまで，全世界で最大限の圧力を維持することを明確に示した。さらに，北朝鮮の脅威にさらされるなか，韓国を含めた3カ国の協力関係を強化し，米朝首脳会談に先立ち緊密に連携する強い決意を改めて表明した。トランプ大統領は，国連安全保障理事会の決

議に違反し，洋上で物資を積み替える北朝鮮の行為を防ぐ日本の努力を評価した。両首脳は，こうした行為を防ぐ努力を拡大すべきであることを明確に示した。トランプ大統領は，昨年11月の訪日の際に拉致被害者家族と面会したときに受けた強い印象を思い起こし，北朝鮮に対して早急に日本人拉致問題を解決するよう求めることを確認した。

トランプ大統領は，米国の持続的な対日貿易赤字に言及し，2国間の経済，貿易，投資関係の分野でさらなる進展をみることの重要性を確認した。トランプ大統領はまた，日本と米国が同盟国として，また志を同じくする世界の経済国家として，経済成長と雇用創出の促進に向け2国間の貿易と投資を拡大する新たな措置を講じるという期待を強調した。それに応じて，両首脳は日米経済対話における進展に基き，貿易・投資関連の議論を強化することで一致した。米国側は，ロバート・ライトハイザー米国通商代表が，自由，公正かつ互恵的な貿易と投資に向けた協議を主導する。両首脳は，21世紀の2国間および国際的な貿易・投資促進において，両国が手本として果たせる役割について議論を進展させることを約束した。また，第三国による不公正な貿易慣行に対し通商ルールを執行する取り組みで連携することも約束した。

トランプ大統領と安倍首相は，域内の責任ある国家の繁栄を可能にする共通の規範および価値観の尊重に支えられた，自由で開かれたインド太平洋地域の重要性を確認した。トランプ大統領と安倍首相はまた，インド太平洋地域のインフラ事業は，市場原理に基づき，公正かつ透明性があり，資金調達を責任ある形で行い，オープンかつ公平なアクセス，社会および環境への配慮，優れた統治の基準を備えたものでなければならないことを確認した。

トランプ大統領と安倍首相は，妨害を受けない合法的な通商，および航行・上空飛行の自由や海洋の合法的な活用を含む国際法の尊重を守る決意を共有し，これを明確に示した。安倍首相とトランプ大統領は，中国を含む南シナ海を巡る権利主張者が，係争のある地形の軍事化を中止するべきであるという認識を共有した。また，中国および他の権利主張者は，平和的かつ国連海洋法条約に基づいて係争を処理・解決して，仲裁などの法的

かつ外交的なプロセスを十分に尊重し，このような原則を，中国との間で効果的な行動規範を協議している東南アジア諸国連合（ASEAN）の取り組みに盛り込むべきとの認識も共有した。このような外交的な取り組みは，係争のある地形の非軍事化，および平和で開かれた南シナ海の維持につながる。両国首脳はまた，日米安全保障条約第5条が，東シナ海にある尖閣諸島に適用されること，また現状変更を求める，あらゆる一方的な行動に反対することを再確認した。

　トランプ大統領は，あらゆる軍事能力を用いて日本を防衛する米国の揺るぎない決意を再確認した。トランプ大統領はまた，日本に対して弾道ミサイル防衛など最新鋭の兵器を提供し，日本の自衛隊の即応力および実効性を確保する防衛装備品の提供を引き続き行なう決意を改めて表明した。さらに，日米同盟の枠組み内で日本が引き続き役割および能力を拡大している取り組みを歓迎した。トランプ大統領と安倍首相は，在日米軍の運用能力および抑止力を維持しつつ，地元への影響を軽減するため，在日米軍再編成に関する日米計画実施への決意を改めて表明した。両首脳は，米海兵隊普天間基地のキャンプ・シュワブ内の辺野古崎地区および周辺海域への移設が，普天間飛行場の継続的な使用を回避する唯一の解決策であることを再確認した。従って両首脳は，日米同盟が地域の平和および安全を提供できるよう，普天間移設計画の着実な実行を求めた。

安倍・トランプ会談の概要

　上記の会談の概要をみてもわかるように，安倍晋三首相とドナルド・J・トランプ大統領との首脳会談では，さまざまなことが話しあわれている。だが，日本側の報道をみるかぎり，今回の日米首脳会談の焦点は，北朝鮮問題と貿易問題にあったような印象を受ける。たとえば，1日目の首脳会談を報じた『読売新聞』は，「日米首脳会談　非核化へ圧力維持　トランプ氏『北に拉致提起』」との見出しをかかげた[*3]。そして，2日目の会談内容を伝えた『朝日新聞』は，「日米首脳，通商で溝　米『TPPより二国

間」／関税除外，要求拒まれる　新たな協議開始，合意」との記事を一面トップに配したのであった[*4]。これら2つの新聞記事をみると，今回の日米首脳会談では，北朝鮮問題と貿易問題以外の意見交換がなされていない感があるが，現実には，尖閣諸島への日米安全保障条約・第5条の適用や普天間飛行場の移設などについても議論がかわされている。

　このように，いろいろな論点がとりあげられた首脳会談のなかで，若干，気になったことがらをここでとりあげたい。ホワイトハウス報道官室から発表された，前出の「トランプ大統領と安倍首相の日米首脳会談」によれば，きたるべき米朝首脳会談を念頭に，「トランプ大統領は，昨年11月の訪日の際に拉致被害者家族と面会したときに受けた強い印象を思い起こし，北朝鮮に対して早急に日本人拉致問題を解決するよう求めることを確認した」とのことである。トランプのこの発言は突然なされたものではなく，安倍からの依頼を受けてのものであったようだ。なぜなら，外務省のホームページには，「安倍総理は，トランプ大統領に対し，来る米朝首脳会談において拉致問題を取り上げるよう要請した」との文言が明記されているからである[*5]。ここで，1つの疑問がわいてくる。というのは，安倍は，ことあるごとに，「拉致問題は，安倍内閣の最重要課題であり，最優先で取り組んでいくという姿勢にいささかの変わりはありません」と断言してきたからだ[*6]。こうした発言をしてきたにもかかわらず，安倍は，内閣の最重要課題である拉致問題の解決をトランプまかせにするという選択をおこなった。たとえ，いかに困難な状況であったとしても，内閣の最重要課題の解決にあたり，安倍があらゆる手段を講じるのは当然のことである。だが，現実には，「北朝鮮をめぐる情勢は，史上初の米朝首脳会談というトランプ大統領の大英断によって，歴史的な転換点を迎えています」や「最重要課題である拉致問題の早期解決を目指し，努力していくことでも一致いたしました。ただ今トランプ大統領からも，この場で被害者の帰国へ向けて最大限の努力をしていくということを明確に約束していただいたことを，本当に心強く思います」としか，安倍は述べていない[*7]。こうした

発言をみていると，安倍は，拉致問題を他人事と思っていたかのような印象を受ける。内閣の最重要課題であるならば，単身，北朝鮮に乗りこんで，拉致被害者の帰国が実現するまで，自分はここを動かないというくらいの行動をとるべきではなかろうか。それこそが，安倍のいうリーダーシップのような気がしてならない。安倍からのトランプへの依頼は，まるで，ジャイアンの力を借りる，のび太のようにみえなくもない。

　政治面がメインとなった1日目の会談と異なり，2日目は，経済面が主要議題となった。だが，政治面での一糸乱れぬ日米協調とは裏腹に，経済面に関する報道をみるかぎり，日米間の認識のズレは相当なものであるようだ。たとえば，共同記者会見の場で，安倍は「環太平洋経済連携協定（TPP）が両国にとって最善と考える。その立場を踏まえて議論に臨む」と語っているのに対して，トランプは「TPPに戻りたくはない。二国間の協定の方がよいと思っている」と応じている[*8]。また，すみやかに鉄鋼・アルミ製品の関税措置を撤廃するようのぞむ安倍をまえに，トランプは「『新しい日米間の協定が合意できれば話し合うことになるだろう』と述べ，交渉の『取引材料』として使うことに含みを持たせた」という[*9]。周知のように，「安倍首相は，2016年の大統領選後間もなく，各国首脳の中で最初にトランプ次期大統領（当時）との会談を申し入れ，取り決めた首脳である」し，これまでも，「トランプ大統領と安倍首相は，揺るぎない友情と信頼を築き上げ，さまざまな問題について，公式会談および電話協議を30回近く重ねてきた」[*10]。さらに，前出の共同記者会見で，安倍は，「トランプ大統領との友情と信頼関係を更に深めることができた2日間であったと思います」とも語っている[*11]。こうした事実がありながら，現実の日米関係には離齬が生じてしまっているのだ。ほんとうに"親友"といえる間柄であるならば，いうべきことはいわなければならない[*12]。だが，経済面における日本の国益を重視して，安倍が十分な主張を展開したようには思えない。もちろん，「猿は木から落ちても猿。しかし，政治家は選挙で落ちればただの人」という名言があるように，11月に中間選挙をひか

えたトランプは聞く耳をもたないのかもしれない。だが、安倍が、政治・安全保障面を重要視しすぎるあまり、経済面において、つよい発言をしなかったのではないかとの疑問も生じてくる。

マスメディアによる評価

今回の日米首脳会談について、新聞はどのような評価をしているのであろうか。まず、拉致問題について、『読売新聞』の「[社説] 日米首脳会談 同盟の結束で『北』に対処せよ」では、「国家犯罪である拉致について、北朝鮮の対応は不誠実そのものである。拉致被害者らの再調査を一方的に中止した」という過去もあり、「米朝首脳会談で議題に上る意味は重い」としている。ただ、「核・ミサイルと、拉致問題の包括的な解決が日本の基本方針である。その条件が満たされなければ、日朝の国交正常化は実現せず、日本が北朝鮮を支援することもない。米国などを通じ、金委員長に認識させる必要がある」として、「政府は、北朝鮮の出方を見極め、慎重に対処し、足をすくわれないようにしたい」との注意もうながしている[*13]。

また、『毎日新聞』の「社説：計4時間の日米首脳会談 非核化へたゆまぬ連携を」において、「日本人拉致問題についても米朝会談で取り上げる意向を示し『早期の解決を働きかける』と約束した」ものの、「会談でトランプ氏に働きかけたことが、米朝会談でどこまで効果をもたらすかは不透明だ」との認識を示したうえで、「北朝鮮が米朝2国間の問題に加えすべてのミサイル廃棄や日本人拉致問題の解決を議題とすることに反発することも予想される」との警鐘をならす。そして、万一、「協議が行き詰まれば、米国がそれらを後回しにして交渉を前に進める可能性は否定できない」との懸念を表明している。さらに、同社説は、「もとより、拉致は日本固有の問題だ。日本が独自に活路を開き、北朝鮮と交渉するしか解決の道はない」と断じ、「将来的には6カ国協議の枠組みを再構築すること

も含め，日本が積極的に関わることが重要だ」との提言をおこなっている*14。

では，『朝日新聞』の「（社説）日米首脳会談　米国一辺倒が招く試練」はどうであろうか。「『最大限の圧力』を連呼してきた安倍氏は『大統領の勇気』をたたえたが，対米追随に終始する苦渋の実態を露呈した」として，安倍のこれまでの発言との矛盾を指摘し，「安倍氏が最重要課題と位置づける拉致問題についても，トランプ氏は『最大限の努力』を語ったものの，具体的な措置への言及はなかった」ことを問題視している。そのうえで，「トランプ氏にとっては，いまの日本は北朝鮮問題のパートナーというよりも，『不公平な貿易』の交渉相手でしかないのかもしれない。安保と貿易を絡めた取引をもくろむ米国にどう向きあうか，日本は新たな外交の試練に直面している」と結んでいる*15。

その経済問題について，今回の安倍・トランプ会談では，「両首脳は，双方の利益となるように，日米間の貿易・投資を更に拡大させ，公正なルールに基づく自由で開かれたインド太平洋地域における経済発展を実現するために，茂木大臣とライトハイザー通商代表との間で『自由で公正かつ相互的な貿易取引のための協議』を開始し，これを麻生副総理とペンス副大統領の下で行われている日米経済対話に報告させることで一致した」*16。この協議機関の設置をめぐって，『読売新聞』の「［社説］日米貿易協議　違い克服し互恵関係を深めよ」は，「トランプ氏が対日貿易赤字の削減を求める中，首脳間から切り離して意見対立を深刻にしない知恵であり，評価できる」としつつも，「問題なのは，新協議の方向性について，両国の思惑が全くかみ合っていないことだ」との見解を示している。くわえて，「新協議で信頼関係を醸成するためにも，米国は速やかに輸入制限を撤回するべきだ」との注文をつけ，「新たな貿易協議は『勝ち負け』ではなく，いかに共通の利益を育むかにこそ全力を挙げねばならない」としている*17。『朝日新聞』も，「（社説）日米首脳会談　それでもTPP復帰を」のなかで，「通商政策に対する日米の考え方の違いが浮き彫りになった」とし，「新たな貿易協議でも日本は，TPPに戻ることが米国の農業などにとって利益

となることを粘り強く説き，その実現につながる糸口を探るほかない」と断じている。そして，「昨年1月のトランプ政権の発足以来，日本のみならず世界の通商政策がかき回されてきた。米国の振る舞いが少しでも変わるよう尽力することが，日本の務めだ」と結論づけている[*18]。『毎日新聞』も，前出の社説において，「日米の思惑は異なる」として，「日本は，多国間の自由貿易の枠組みである環太平洋パートナーシップ協定（TPP）に米国の復帰を促したい意向だ」が，「トランプ氏は対日貿易赤字問題で市場開放を迫る『取引』の場として活用し，米国に有利な2国間交渉に持ち込む狙いがあるようだ」と論じ，最後に，「留意すべきは，こうした対立が北朝鮮問題に飛び火することだ。日米連携に影響がないよう米政府には冷静な対応を求めたい」との苦言を呈している。

　ところで，今回，フロリダ州パームビーチで開催された安倍・トランプ会談は，1951年9月4日におこなわれた，吉田茂とハリー・S・トルーマンによる第1回の日米首脳会談から数えて，じつに138回目となる。ここで，首脳会談の開催場所に注目すると，興味深い事実が得られる。138回の会談のうち，米国の首都ワシントンD.C.での会談は45回で，ワシントンD.C.以外の米国の都市では30回の会談がおこなわれている。このほか，主要国首脳会議（サミット）やアジア太平洋経済協力会議（APEC）の折りなどに日米両国以外で開催される日米首脳会談が42回ある。そうなると，日本でこれまでおこなわれてきた日米首脳会談は21回のみという計算になる。この日本での21回の会談を記したものが，次頁の図表3-1である。

　この図表3-1の「目的」の欄のところに，◎が記してある会談が6回ある。これは，日米首脳会談そのものを目的として，米国大統領が訪日したケースである。ということは，通算138回実施されてきた日米首脳会談のうち，米国大統領が日米首脳会談そのものを目的に訪日したのはわずか6回しかないわけだ[*19]。ここからは，米国にとっての日本の位置づけが，依然として，「極東」そのものということがわかる。21世紀に入ってもなお，米国にとっての最優先地域は，欧州なのである。日本にいるわれわれは，

この事実をふまえて，米国と接していくことが重要ではなかろうか。

■図表3-1　日本での日米首脳会談

回　数	年　月　日	首　相	大　統　領	目　的
第1回	1974年11月19・20日	田中角栄	ジェラルド・フォード	◎
第2回	1979年6月25・26日	大平正芳	ジミー・カーター	サミット
第3回	1980年7月9日	伊東正義	ジミー・カーター	葬儀
第4回	1983年11月9・10日	中曽根康弘	ロナルド・レーガン	◎
第5回	1986年5月3日	中曽根康弘	ロナルド・レーガン	サミット
第6回	1989年2月23日	竹下　登	ジョージ・ブッシュ	葬儀
第7回	1992年1月8・9日	宮沢喜一	ジョージ・ブッシュ	◎
第8回	1993年7月6・9日	宮沢喜一	ビル・クリントン	サミット
第9回	1996年4月17日	橋本龍太郎	ビル・クリントン	◎
第10回	1998年11月20日	小渕恵三	ビル・クリントン	APEC関連
第11回	2000年6月8日	森喜朗	ビル・クリントン	葬儀
第12回	2000年7月22日	森喜朗	ビル・クリントン	サミット
第13回	2002年2月18日	小泉純一郎	ジョージ・W・ブッシュ	◎
第14回	2003年10月17日	小泉純一郎	ジョージ・W・ブッシュ	APEC関連
第15回	2005年11月16日	小泉純一郎	ジョージ・W・ブッシュ	APEC関連
第16回	2008年7月6日	福田康夫	ジョージ・W・ブッシュ	サミット
第17回	2009年11月13日	鳩山由紀夫	バラク・オバマ	APEC関連
第18回	2010年11月13日	菅直人	バラク・オバマ	APEC
第19回	2014年4月23・24日	安倍晋三	バラク・オバマ	◎
第20回	2016年5月25・27日	安倍晋三	バラク・オバマ	サミット
第21回	2017年11月5・6日	安倍晋三	ドナルド・トランプ	APEC関連

注

* 1　https://archive.benchmarkemail.com/ircjapan/newsletter/20180420 （2018年4月20日）。
* 2　https://jp.usembassy.gov/ja/trump-abe-summit-ja/ （2018年4月20日）。
* 3　『読売新聞』2018年4月19日，1面。
* 4　『朝日新聞』2018年4月20日，1面。

*5 http://www.mofa.go.jp/mofaj/na/na1/us/page4_003937.html（2018年4月20日）。
*6 https://www.kantei.go.jp/jp/97_abe/actions/201709/17rachi.html（2018年4月20日）。
*7 https://www.kantei.go.jp/jp/98_abe/statement/2018/0418usa.html（2018年4月20日）。
*8 『朝日新聞』2018年4月20日，7面。
*9 同上，2018年4月19日（夕），1面。
*10 https://jp.usembassy.gov/ja/president-trump-prime-minister-abe-working-together-strengthen-us-japan-alliance-ja/（2018年4月20日）。
*11 https://www.kantei.go.jp/jp/98_abe/statement/2018/0418usa.html（2018年4月20日）。
*12 かつて外交官をつとめた原田武夫は，「『首相は「個人的な信頼関係がある」』と言うが，日米貿易の現状や米朝首脳会談が日本抜きで決まった経緯を見れば怪しい」と疑問視」しているようだ（『毎日新聞』2018年4月18日，29面）。
*13 『読売新聞』2018年4月19日，3面。
*14 『毎日新聞』2018年4月20日，5面。
*15 『朝日新聞』2018年4月20日，14面。
*16 https://www.mofa.go.jp/mofaj/na/na1/us/page4_003937.html（2018年4月20日）。
*17 『読売新聞』2018年4月20日，3面。
*18 『朝日新聞』2018年4月20日，14面。
*19 日米首脳会談の開催場所と日米関係の不均衡については，たとえば，浅野一弘『現代政治の争点―日米関係・政治指導者・選挙―』（同文舘出版，2013年），26-29頁を参照されたい。

第4回 政治家の失言

(2018年4月27日)

　『週刊新潮』2018年4月19日号には,「『森友危機』の折も折！　―ろくでもない『財務事務次官』のセクハラ音源―」と題する記事が掲載された[*1]。これは,福田淳一・財務事務次官のセクハラ疑惑を報じたものである。このセクハラ疑惑をめぐって,自民党の2人の議員が不適切な発言をおこなったのだ。

> 「週刊誌に録音売る,ある意味犯罪」　自民・下村氏,講演で…撤回
> 　財務事務次官のセクハラ問題で,共産党は23日,自民党の下村博文・元文部科学相が「隠しテープでとっておいて,テレビ局の人が週刊誌に売るってこと自体がある意味で犯罪だと思う」と講演で述べた音源を報道陣に公表した。下村氏は同日夕,発言を認めたうえで撤回,謝罪した[*2]。

> 女性議員に「セクハラと縁遠い方々」　自民・長尾氏,ツイート…削除
> 　財務事務次官のセクハラ問題をめぐり,「#Me Too」と書かれた紙を掲げて抗議する女性国会議員らの写真をツイッターに載せ,「セクハラとは縁遠い方々」と書き込んだ自民党の長尾敬衆院議員（大阪14区）に対して,「この発言自体がセクハラ」と批判が相次ぎ,長尾氏は発言を削除して謝罪した[*3]。

　どちらの記事にも共通するのが,発言を撤回あるいは削除したのち,謝罪をしたという事実だ。これは,両者が,今回の自分たちの発言が,「言うべきでないことを,うっかり言ってしまう」失言であると認めた証左にほかならない[*4]。この2人の発言に関連して,たとえば,落語家の立川志らくは,「『落語界では,結構乱暴なこと言いますよ。それは落語界では

ブラックジョークですから』と前置きした上で，『「ひるおび！」では絶対言わないもん。何で言わないかと言うと，見てる人は落語ファンじゃないから。いろんな人が見てるから，傷つく場合もあるから』と言及した」という[*5]。このように，今回の政治家による発言は，芸能界でも問題視されるものであった。

失言の政治史

　では，政治家による失言は，これまではなかったのであろうか。『アエラ』2017年8月14-21日号によると，稲田朋美・防衛相が，「自衛隊，防衛省とも連携のある○○候補を，ぜひ，2期目の当選本当に大変です，お願いしたいと，防衛省・自衛隊・防衛大臣・自民党としてもお願いしたいと思っているところでございます」（2017年6月27日）と発言し，撤回をしているし，また，「この点，何回も私も御答弁申し上げておりますけれども，森友学園の籠池理事長夫妻とは，面識こそありましたが，ここ10年来お会いしたこともお話ししたこともございませんし，弁護士時代を通じて相談を受けたこともありません」（3月10日）とする参議院予算委員会での答弁についても，「訂正をしておわびをいたしたい」と語っている[*6]。ほかにも，山本幸三・地方創生相は，「一番がんなのは学芸員。普通の観光マインドが全くない。この連中を一掃しないと」（4月16日）との発言を撤回しているし[*7]，今村雅弘・復興相にいたっては，「（東日本大震災は）社会資本の毀損も，いろんな勘定の仕方があるが，25兆円という数字もある。これはまだ東北で，あっちのほうだったから良かった。これがもっと首都圏に近かったりすると，甚大な被害があったと思う」（4月25日）と[*8]，日本国憲法の三大原則の1つである，基本的人権の尊重の意味をまったくわかっていないとしか思えないような失言をおこなっているのだ。

　残念ながら，政治家によるこうした発言は，いまにはじまったことではない。次頁の**図表4-1**をみると，これまで政治家によって，さまざまな

失言がくり返されてきたことがわかる。

この**図表4-1**のなかにある麻生太郎・財務相の場合，"ナチス発言"以前にも，問題発言を連発していた（次頁の**図表4-2**参照）。そのため，政治評論家の有馬晴海は，麻生のことを「失言大魔王」とまでよんでいる[*9]。

■図表4-1　失言の歴史（肩書は当時）

1950年	吉田茂首相	全面講和を主張する人物は「**曲学阿世の徒**」だ
1952年	池田勇人通産相	中小企業の5人や10人の倒産，**自殺はやむを得ない**
1953年	吉田茂首相	無礼なことを言うな。**無礼者！　バカヤロー！**
1960年	岸信介首相	私は"声なき声"に耳を傾ける。いまは"**声ある声**"だけだ
1972年	佐藤栄作首相	偏向的な新聞は**大嫌い**だ，**帰ってくれ！**
1986年	中曽根康弘首相	日本は**単一民族国家**だ
1988年	渡辺美智雄 自民党政調会長	向こう（アメリカ）の連中は黒人だとかいっぱいいて，（破産しても）ケロケロケロ，アッケラカーのカーだ
2000年	森喜朗首相	日本の国はまさに天皇中心の神の国である
2001年	石原慎太郎都知事	文明がもたらしたもっとも悪しき有害なものは「**ババァ**」なんだそうだ
2003年	太田誠一自民党 行政改革推進本部長	**集団レイプする人は，まだ元気があるからいい**
2007年	柳沢伯夫厚生労働相	機械って言っちゃ申し訳ないけど，女性の数は決まっている。子どもを**産む機械**，装置の数は決まっている
2007年	久間章生防衛相	原爆を落とされて長崎は本当に無数の人が悲惨な目にあったが，あれで戦争が終わったんだという頭の整理で今，**しょうがないな**と思っている
2011年	松本龍復興相	知恵を出したところは助けるけど，出さないところは**助けない**
2013年	麻生太郎 副総理兼財務相	ワイマール憲法が**ナチス憲法**に変わった，誰も気づかないで変わった，**あの手口に学んだらどうかね**

（出所）『アエラ』2017年8月14-21日号，72頁。

■図表4-2　過去に問題となった麻生氏の発言

発言内容（カッコ内は当時の肩書）		その後の対応や反応
2007年7月（外相）		富山県高岡市内の講演で
日本と中国の米価の差について「アルツハイマーの人でも分かる」	→	翌日，「不適切なものがあった。発言を撤回し，不快な念を持たれた方々と関係者の方々におわび申し上げたい」と陳謝
08年9月（自民党幹事長）		JR名古屋駅前での街頭演説で
同年8月末に愛知県内を襲った豪雨について「安城や岡崎だったからいいけど，名古屋で同じことが起きたら全部洪水よ」	→	岡崎市と安城市に「私の不用意な発言で，皆様方に不愉快な思いを抱かせたことに，お詫（わ）び申し上げます」とする謝罪文を送る
08年11月（首相）		全国知事会議で
地方の医師確保について問われ「（医師には）はっきり言って社会的常識がかなり欠落している人が多い」	→	会議後に「まともなお医者さんが不快な思いしたって言うんであれば，申し訳ありません」と謝罪
09年8月（首相）		東京都内での対話集会で学生に
「金がねえなら結婚しない方がいい，おれもそう思う。うかつにそんなことしないほうがいい。おれは金はない方じゃなかった。だけど結婚は遅かった」	→	野党が「多くのワーキングプアをつくった責任を感じないのは政治家失格」「非正規雇用が増えたのは政治のせい。自己責任にするのは政策を理解していない」などと批判
13年1月（副総理兼財務相）		社会保障国民会議で
終末期医療にふれ，「さっさと死ねるようにしてもらうとか，考えないといけない」。延命治療について「その金が政府のお金でやってもらっているなんて思うと，ますます寝覚めが悪い」	→	会議後，「終末期医療のあるべき姿について意見を申し上げたものではない」と釈明。その後，「国民会議という公の場で発言したことは，適当でない面もあった」として，発言を撤回

（出所）『朝日新聞』2013年8月2日，35面。

なぜ，失言はくり返されるのか？

　政治家によるこうした失言の数々について，文芸評論家の斎藤美奈子は，「暴言や失言をする政治家には三つの特徴があると思います。（1）過去への敬意を欠いている。歴史を知らないし，先人に学ぶ気もない（2）現在，

すなわち国民に対する誠意を欠いている。適当にごまかそうとする（3）未来に対する責任を欠いている」と分析している*10。また，安倍晋三政権下での失言が多いことに着目し，言語学が専門の加藤重広・北海道大学大学院教授は，「安倍内閣の閣僚に，自分の発言がどう受け止められ，どのような影響があるかを想像する能力が欠けていたことが多くの失言を生んだ。長い間，内閣支持率が高く，失敗から学ぶ姿勢がなかった。失言が引き金となり辞任に追い込まれた閣僚がいた一方，時間とともに世間の関心が薄れ，結果的に続投できたケースもみられた。それが『これぐらいの発言なら大丈夫だ』という『慣れ』の感覚につながったのではないか」との視点を提示している*11。

　失言がくり返される背景には，政治家としての特権意識が関係していることはまちがいなかろう。本来，政治において，政治家は"脇役"でしかないにもかかわらず，自分たちを"主役"と思いこんでしまうことで，失言がなされるのであろう。とはいえ，政治家にこうした特権意識を植えつけてしまっているのは，政治の"主役"である，われわれ有権者の責任であるのかもしれない。

　くわえて，政治家の失言がなくならない原因としては，国会議員の"免責特権"との関連があるように思えてならない*12。日本国憲法・第51条では，「両議院の議員は，議院で行つた演説，討論又は表決について，院外で責任を問はれない」ことが明記されている。多くの政治家は，この免責特権の意味をかんちがいしているのではなかろうか。もちろん，この条文は，「国会における言論の自由を最大限に保障し，国会議員がその職務を行うに当ってその発言について少しでも制約されることがないようにしようとの趣旨に出たものである」ことはまちがいない。ただし，「法的な性格をもたない政治的ないし倫理的意味の責任が，本条にいう『責任』に含まれないことは，もちろんである。議員が議会で行う活動は，すべて会議の公開その他の方法によってひろく一般に知られ，一般国民，ことに選挙民は，これによって，議員に対して，いろいろなコントロールをおよぼ

す可能性を与えられており，その意味において，国会議員は，その院内の行動について，一般国民，ことに選挙民に対して，重大な政治的ないし倫理的な責任を負っているが，これはもちろん憲法の当然に予想するところであり，そういう『責任』は，もとより本条の関するところではない」のだ[*13]。にもかかわらず，国会議員は，この第51条を自分の都合のいいように曲解し，理解しているように思えてならない。

　しかも，国会法には，「各議院において，無礼の言を用い，又は他人の私生活にわたる言論をしてはならない」（第119条）ということや「議院の会議又は委員会において，侮辱を被つた議員は，これを議院に訴えて処分を求めることができる」（第120条）ということが明記されている。ということは，議員は，国会内でやみくもに，好き勝手な発言をしていいというわけではない。こうした"制約"の存在を知らない国会議員があまりにも多すぎるのではなかろうか。もしかすると，こうした"制約"があることを知らない，不勉強な国会議員が多く，失言があとを絶たないのかもしれない[*14]。

　このほか，日本国憲法・第43条1項の規定―「両議院は，全国民を代表する選挙された議員でこれを組織する」―の意味をわかっていない国会議員が，失言をするともいえる。条文にあるように，国会議員は，全国民を代表しているのであって，自分の選挙区の後援会だけを代表しているわけではない。ということは，自分を応援してくれる人たちにとっては，おもしろいことであっても，その発言を聞いて不快に思う人がいる場合，国会議員は，言動をつつしむべきである。こうした常識的な判断ができない国会議員が，国会議事堂内には跋扈しているということであろう[*15]。

　最後に，国会内での発言と会議録（議事録）との関係について着目してみよう。「衆参両院の規則では，削除を含む『訂正』は『字句に限る』とされ，発言の趣旨を変更することができないと定められている。だが，実際は『失言』に近い発言が取り消されるケースもある」というのだ（次頁の**図表4-3**参照）。これについて，たとえば，「発言の訂正を安易に認め

■図表4-3　議事録から削除された最近の国会議員の主な発言（一部は予定）

17年11月15日	足立康史衆院議員（日本維新の会）	衆院文部科学委
加計学園の問題について，他党の議員3人の名前を挙げ，獣医師会から献金をもらって国会質問しているとして「犯罪者」などと表現	→	太線に置き換え
18年2月28日	福田昭夫衆院議員（無所属の会）	衆院本会議
森友学園について「安倍総理のお友達が理事長を務めていた」	→	削除
3月13日	渡辺美樹参院議員（自民）	参院予算委中央公聴会
過労死の遺族に，「国会の議論を聞いていますと，働くことが悪いことであるかのような議論に聞こえてきます。お話を聞いていますと，週休7日が人間にとって幸せなのかと聞こえてきます」	→	一部を削除
3月19日	和田政宗参院議員（自民）	参院予算委
財務省の太田充理財局長に「民主党政権時代の野田総理の秘書官も務めており，安倍政権をおとしめるために意図的に変な答弁をしているのか」	→	一部を削除

（出所）『朝日新聞』2018年4月4日，31面。

るのは事実をゆがめる。どんな問題発言でも，記録に残すべきだ」（武蔵勝宏・同志社大教授）との専門家のコメントがあるように，国会の会議録は，「有権者にとっては選挙で候補者を選ぶ際の参考にもなるが，発言が削除されては判断もできない」という問題があることを忘れてはならない[16]。

国会議員には，もう一度，「両議院は，全国民を代表する選挙された議員でこれを組織する」という，日本国憲法・第43条1項の規定の意味をかみしめてもらいたいと痛感しているのは筆者だけであろうか。

注

* 1　『週刊新潮』2018年4月19日号，24-28頁。
* 2　『朝日新聞』2018年4月24日，35面。
* 3　同上。

* 4 　小学館国語辞典編集部編『精選版　日本国語大辞典』〔第二巻〕（小学館，2006年），344頁。
* 5 　http://www.sanspo.com/geino/news/20180424/geo18042415020020-n1.html（2018年4月25日）。
* 6 　『アエラ』2017年8月14-21日号，70頁。稲田によると，「これは，委員会の場で突然過去の，12年前の資料に基づく質問であったので，私の全くの記憶に基づき答弁をしたもの」であり，「平成16年12月9日，夫の代わりに出廷したことを確認」することができたからであった（同上）。
* 7 　同上，71頁。
* 8 　同上，70頁。
* 9 　『毎日新聞』2008年9月27日，31面。
*10 　『朝日新聞』2017年7月23日，11面。
*11 　同上，2017年8月1日，3面。
*12 　浅野一弘『日本政治をめぐる争点──リーダーシップ・危機管理・地方議会──』（同文舘出版，2012年），86-87頁。
*13 　宮澤俊義・芦部信喜『全訂　日本国憲法』（日本評論社，1978年），384頁および390頁。
*14 　また，国会法・第116条において，「会議中議員がこの法律又は議事規則に違いその他議場の秩序をみだし又は議院の品位を傷けるときは，議長は，これを警戒し，又は制止し，又は発言を取り消させる。命に従わないときは，議長は，当日の会議を終るまで，又は議事が翌日に継続した場合はその議事を終るまで，発言を禁止し，又は議場の外に退去させることができる」と規定されていることも付言しておきたい。
*15 　ここでの記述は，浅野，前掲書『日本政治をめぐる争点』，93頁によっている。
*16 　『朝日新聞』2018年4月4日，31面。なお，発言を削除したり，修正したりする場合に，「（1）削除した部分を太線に置き換える方法と，（2）字句そのものを削除したり，書き換えたりする方法──の二通りある」という（同上）。

　　　ちなみに，「不穏当な発言については発言者自らもその部分を取り消すことはできるが，議長が不穏当な言辞と認めてその取消しを命じない限り，会議録からは削除されない」のであり，「議長の取消命令のあった言辞でも会議録の原本には登載される」ようだ（浅野一郎・河野久編『新・国会事典』〔第3版〕〔有斐閣，2014年〕，96頁）。

第5回 「55年体制」

(2018年5月4日)

　4月の1回目の授業でかならずおこなうことがある。それは，歴代総理大臣の順番を覚えてもらうということだ（日本史で大学受験をした方は，「いくやまいまいおやいかさかさかやおてはたかやきかわたはわいさおひはこひあよことこす」という呪文を唱えたかもしれない）。なぜなら，「この1冊で就職・資格対策も完璧」とうたっている，『2019年度対応　最新時事用語＆問題』の「一般常識資料集」のなかにも，独立時の吉田茂以降の総理大臣の名前が掲載されているからだ[*1]。そこで，いまの総理大臣から順に，その名前を板書するのである。

　　安倍晋三，野田佳彦，菅　直人，鳩山由紀夫，麻生太郎，福田康夫，安倍晋三，小泉純一郎，森　喜朗，小渕恵三，橋本龍太郎，村山富市，羽田　孜，細川護熙，宮沢喜一，海部俊樹，宇野宗佑，竹下　登，中曽根康弘，鈴木善幸，大平正芳，福田赳夫，三木武夫，田中角栄，佐藤栄作，池田勇人，岸　信介，石橋湛山，鳩山一郎，吉田　茂

　そして，これらの歴代総理大臣の在任期間についても指摘をする。このなかで，もっとも在任期間のながいのは，佐藤で，2,798日である。第2位が吉田の2,616日である（吉田が1946年5月22日から翌1947年5月24日までのあいだ，第1次内閣を組織していた日数をあわせたもの）。これに，安倍がつづく（安倍が2006年9月26日から翌2007年9月26日までのあいだ，第1次内閣を組織していた日数をあわせたもの）。首相官邸のホームページによると，第3次内閣終了時の2017年11月1日時点で，2,138日とされている[*2]。このあと，小泉の1,980日，中曽根の1,806日となる。

保守合同の理由

　また，鳩山一郎から宮沢までの15人の氏名のしたに黄色の線をひく。鳩山が首相の座についたのは，1954年12月10日であるが，第2次内閣（1955年3月19日～1955年11月22日）の途中で，ある政党が誕生し，黄色の下線の首相は，すべておなじ政党から選出されているからだ。それが，1955年11月15日に，保守合同によって誕生した自由民主党（自民党）である。他方，自民党の誕生にさきだって，革新側では，同年10月13日，左派社会党と右派社会党の統一によって，日本社会党（社会党）が発足していた。ちなみに，社会党は，1945年11月2日に結成していたものの，1951年10月24日，サンフランシスコ平和条約への対応をめぐって，左派社会党と右派社会党に分裂してしまったのであった。

　くしくも，1955年に，保守と革新の両陣営で，合同や統一がなされた背景には，「一種の危機感があった」ようだ。具体的には，「革新についていえば，保守の政権担当がようやく定着する気配はおおいがたく，このまま革新側が分裂抗争状態を続ければ一層，政権への道は遠のき，改憲・再軍備を阻止しえなくなってしまう，という危機感だった。これが同年十月十三日に実現した左右両社会党統一の心理的な原動力だった」というわけだ。こうした「社会党統一の動きが年初以来，急ピッチで進展したことが，保守合同への気運にはずみをつけたことはいうまでもない」。その「保守の側の危機感は，革新の側のそれをそっくり裏返しにしたもの」で，「当時，保守票は七割を割り，逆に革新票が三割を越えようとしていたことから，保守政党の分立は遠からず革新側にキャスティング・ボートを与えて，日本の保守の構造破壊につながりかねない，ということだった。『国家安全保障と経済繁栄のためには，政局安定＝長期政権が必要』という保守合同論は，こうした革新票増加への危機感を素地として抬頭し，社会党統一がその不安に現実味を与えた，といってもいいだろう」との分析がある[*3]。現に，『自由民主党五十年史』でも，「昭和30年10月13日，左右社会党が統

一大会を開き，委員長に左派の鈴木茂三郎，書記長に右派の淺沼稲次郎が就任し，衆議院156人，参議院70人を擁する一大野党が誕生した。もはや保守合同も一刻の猶予も許されない状況になった」（傍点，引用者）と記しているのは，注目にあたいする*4。

　こうした革新陣営の動きにくわえて，財界の意向も，保守合同を促進する要因となったようだ。たとえば，『自由民主党五十年史』には，「総評の後押しによる左派主導の社会党統一が迫っていた」なか，「経済界はますます強く保守合同による政局の安定を求めるようになった」との記述がみられる。そうした財界の期待を端的に示しているのが，1955年5月6日の経済団体連合会（経団連）第15回定時総会における，「今次総選挙を通じて，再び国会の過半数を獲得し，地方選挙においても絶対多数を得た保守各党の責任は重大と言わねばならない。われわれは，これら各党がこの際，国の基本政策につき速やかに意見を統一し，国民にその向かうところを示し，共同の責任においてわが国の独立達成を一致して推進する体制を固め，懸案解決のために邁進されんことを，衷心より要請するものである」とする決議である*5。朝日新聞社常務をつとめた冨森叡児によると，「財界が保守合同を望んだ背景には二つの要因があった」という。その1つが，「朝鮮戦争で復興の糸口をつかんだ日本経済は五〇年代に入って高度成長期をむかえようとしており，日本経済を膨張拡大してゆくために，何よりも政局の安定が必要とされた」のだ。その意味でも，「保守が分裂してたがいに足をひっぱりあい，その間隙をぬうように両派社会党がジリジリと力をつけてくる情勢は財界にとって安心のならぬものであった」。2つめが，「政治献金であった」。第二次大戦後，「総司令部に抵抗するために外交手腕のある政治家を援助すること」を目的として，「財界の保守党に対する政治献金」は，スタートした。たとえば，「吉田の東大時代の学友であった宮島清次郎（元日清紡会長）を中心に小林中，桜田武，水野成夫，永野重雄らの財界新主流グループが，主として吉田の自由党へ資金をつぎこんでいた」が，「造船疑獄の発生はこうした個別企業と各政党，政治家との

直接の結びつきが腐敗と疑惑を生みやすいとの反省をよびおこした」ために，「財界新主流派グループは財界から政界への資金ルートを一本化しようと動き出す」こととなった*6。要するに，財界としては，「保守が二つに割れていたら，金かかってしようがない」という事情があったようだ*7。

また，「『保守合同』が日米安保体制における日本の立場を『対等の協力者』とするための，すなわち『独立の完成』を果たすための政治基盤となることを期待された」という側面もある。換言すれば，「『保守合同』は，日米安保体制そのものの不平等な枠組みを変更（安保改定）する前提条件としてアメリカから要求されたばかりのもの，すなわち『憲法改正』・『自衛力増強』のための必要不可欠の政治基盤となるべきものであった」のだ*8。こうした要因が登場する背景には，1955年11月15日の保守合同にさきだつ，「八月二九－三一日の三日間ワシントンでもたれた，いわゆる重光・ダレス会談」の影響が大きい。というのは，この会談で，ジョン・F・ダレスは，「『日本における保守勢力を団結させ，統一行動を発展させることが必要だ』としたあと，『この方向で事を進め，近々これが成功することを希望する』とのべている」からである*9。こうした米国側からの「外圧」が，保守合同を促進する要素となったことにも留意する必要がある。

こうしてスタートした自民党政権は，結局，1993年8月9日の細川政権の誕生まで，約38年間もつづいた。この状態を「55年体制」という*10。この55年体制の55年を55年間とまちがえる受講生がいるが，この55年は，自民党の誕生した1955年をさしている。ちなみに，この55年体制ということばは，1・1/2政党制ともよばれる。これは，当時の自民党と最大野党・社会党の国会での議席数に着目したいい方で，自民党の議員数を1とすると，社会党はその半分（1/2）しかいないということを意味している。だが，現実には，自民党の国会議員が2/3であったのに対して，社会党のほうは1/3しか議席を有していなかったという*11。ほかにも，一党優位体制という場合もある。

このように，自民党はながきにわたって，権力の座を占めてきたわけで

あるが、そのあいだに、「政・官・財の鉄の三角形」とよばれるものが形成されていった。鉄の三角形については、高等学校の教科書でも、「日本では、利益集団が特定の官庁と密接な関係にあり、さらに族議員がこれを補強するという『鉄の三角形』が存在してきた」と紹介されているほどだ[*12]。

鉄の三角形

では、「政・官・財の鉄の三角形」とはどのようなものなのかを具体的にみていこう。この場合の「政」は、政治家をさしている。政治家といっても、とりわけ、自民党の国会議員のことをさす。「自民党政調会の中で利益調整の最前線となっているのが、中央官庁と国会の常任委員会に対応する形で置かれている部会」であり、「自民党議員は、大臣や政務次官など政府の役職に就いている者以外は、原則として全員がいずれかの部会に所属することが義務づけられている。一般には三つまでの部会に所属することが認められているが、国会の委員会の委員は対応する部会に自動的に所属するため、関連部会に加えて二つまでの部会への所属が認められている」という[*13]。初当選以降、いったん入った部会に所属しつづけると、部会と関連する省庁の業務内容に精通していくこととなる。そうなると、当該政策のエキスパートへと成長していく。そのような専門的知見を有するようになった議員を族議員とよんでいる。具体的には、教育問題にくわしい文教族や防衛問題に明るい国防族といった族議員が存在する。たとえば、かつて首相をつとめた森は文教族の代表格である。

このように、ある分野の政策に精通しているという意味では、族議員はすばらしい存在といえよう。だが、日本では、族議員ということばは否定的に使用される場合がほとんどである。それは、族議員が、「特定の業界と関係が深く、その業界の利益に沿って、行政に影響力を行使する」からである[*14]。しかも、「通常朝八時から行なわれる部会には、法案や政策の

提出官庁の中堅幹部が出席して議員に対して，政策や法案を説明するとともに質疑応答が行なわれる」なかで，政治家にとって，部会は，「官僚との関係を作り出す場」ともなるのだ[*15]。そのうえ，業界＝財界（大企業）は，「族議員に，ある程度重点的に献金してきた」（諸井虔・秩父セメント会長〔日経連副会長〕）という過去がある[*16]。こうしたなかで，ロッキード事件やリクルート事件といった，違法献金をめぐる汚職が発生してきたのだ。

日本でおきた過去の汚職事件をみると，財界から官僚に対しても，賄賂が流れていたことは周知のとおりである（**図表5-1参照**）。この背景には，官僚がにぎっている許認可権の存在が大きかった。また，その許認可権があったことで，「旧郵政省が許認可権を握るテレビ局や郵便物の輸送業務を委託する航空会社へ再々就職していくケースがほとんどだ」との報道も

■図表5-1　中央省庁幹部が収賄容疑で逮捕された過去の主な事件

逮捕年月	事件名	役職	判決
1948年 9月	昭電疑獄	大蔵省主計局長	無罪確定
同 9月	繊維汚職	商工省繊維局長	有罪確定
49年 3月	日本シルク事件	農水省畜産局長	無罪確定
53年 11月	霊友会事件	元文部省宗務課長	有罪確定
54年 1月	造船疑獄	運輸省官房長	有罪確定
同 4月	陸運汚職	運輸省自動車局課長	有罪確定
56年 2月	大蔵省印刷局汚職	大蔵省印刷局施設課長	上告中死亡により公訴棄却
73年 6月	殖産住宅事件	大蔵省証券局監査官	有罪確定
同 9月	建設省汚職事件	建設省河川局次長	有罪確定
80年 3月	KDD事件	元郵政省電気通信監理官	有罪確定
	〃	郵政省国際業務課長	有罪確定
86年 3月	撚糸工連汚職事件	通産省工業再配置課長	有罪確定
88年 5月	総理府汚職事件	元総理府大臣官房管理室長	有罪確定
同 6月	〃	同広報室参事官	有罪確定
89年 2月	リクルート事件労働省ルート	元労働省業務指導課長	有罪確定
同 3月	〃	元労働事務次官	有罪確定
3月	リクルート事件文部省ルート	元文部事務次官	一審有罪 控訴中

（出所）『読売新聞』1996年12月5日，3面。

なされていた*17。これが，いわゆる天下りである*18。

　ここで，天下りということばに注目したい。「国民主権の成立によって公務員は『公僕』『全体の奉仕者』とされた」ものの，「日本では明治以来，官僚が『天皇の官吏』『お上』として支配的な地位にあった」ことを端的に示しているのが，天下りというワードだ*19。そこには，"官尊民卑"の意識が如実にみてとれる。

　たとえば，米国などでは，天下りにあたる単語が存在しない。それは，天下りという発想がないからである。要するに，官尊民卑という意識がそこには存在しないのだ。米国においては，「官と民の間でも，民と民の間でも人事交流が盛んで，いわゆる『回転ドア方式』」の人事がおこなわれている*20。回転ドアは，水平な場所でないと，動かない。要するに，米国では，官と民のあいだに高低はなく，対等であるのだ。

　ところで，「2001年の中央省庁再編で経済財政諮問会議が設置され，政策決定の主導権は自民党政調から首相官邸に移った」ため，「業界団体とつるむ『族議員』の影響力はしぼんだ」との指摘もある*21。また，55年体制下では，自民党の派閥が大きな力をもったとされる。だが，「96年衆院選から小選挙区比例代表並立制が導入されると，公認権などを持つ党執行部の力が強まり，派閥は弱体化。官邸主導で，若手・中堅議員を閣僚に抜擢（ばってき）するケースも目立ち始めた」のだ。かつては，「各派閥が当選回数順に推薦名簿を官邸に提出する」なかで，「初めて閣僚に起用される『入閣適齢期』」とされてきた，「衆院で当選5回以上，参院で当選3回以上」という数字は完全に無視されるようになってきた*22。55年体制下の自民党を物語る族議員や派閥ということばが衰退していく一方，総裁の権限がますますつよまっている*23。だが，党内議論が自由闊達になされるという観点から，こうした傾向は，自民党にとってよいことばかりなのであろうか。

注

*1 『月刊　新聞ダイジェスト』2018年3月増刊号，154頁。

*2 http://www.kantei.go.jp/jp/rekidai/ichiran.html （2018年4月30日）。

*3 渡辺恒雄監修『政治の常識―人脈・金脈・かけひき・政策がわかる本―』（講談社，1976年），18頁および20頁。

*4 自由民主党編『自由民主党五十年史』〔上巻〕（自由民主党，2006年），51頁。

　　ただし，当時，保守合同の必要性を説いていた岸信介は，「いや合同をめぐっては，われわれのほうが出発は早かったので，実際には社会党の統一のほうが先だったけれど，別に社会党の統一が刺激になったということはないですね」と述懐している（岸信介・矢次一夫・伊藤隆『岸信介の回想』〔文藝春秋，1981年〕，140頁）。

*5 自由民主党編，前掲書『自由民主党五十年史』〔上巻〕，42-43頁。

*6 冨森叡児『戦後保守党史』（岩波書店，2006年），99頁および101-102頁。

*7 後藤基夫・内田健三・石川真澄『戦後保守政治の軌跡』（岩波書店，1982年），99頁。

*8 原彬久『戦後日本と国際政治―安保改定の政治力学―』（中央公論社，1988年），98頁。

*9 原彬久『岸信介』（岩波書店，1995年），174頁。

*10 「自民党は財界，社会党は総評に代表される利益ブロックを形成したことを指して『体制』という」（『朝日新聞』1979年9月22日，5面）。

　　なお,55年体制ということばに関して，「社会党統一，保守合同の昭和30年（1955）を戦後政治の節目として,33年ごろ升味準之輔氏が55年体制を言い出して定着した」という説（同上，1986年12月29日，7面）や「1964年に発表した論文をきっかけに『55年体制』という語が広く使われるようになった」（『読売新聞』2010年8月14日，26面）との説があるようだ。

*11 荒敬「五五年体制」『日本大百科全書　9』（小学館，1986年），294頁。

*12 間宮陽介ほか『政治・経済』（東京書籍，2018年），71頁。なお，この教科書は，2017年3月7日検定済のものである。

*13 猪口孝・岩井奉信『「族議員」の研究』（日本経済新聞社，1987年），101頁および103頁。なお，政務次官のポストは，中央省庁再編（2001年1月6日）にあわせて廃止されている。それ以降，各省には，副大臣と政務官がおかれている。

*14 『朝日新聞』1993年9月10日，31面。

　　その一例として，「農林族は自民党の農林部会に所属し，また国会では農林水産委員会に所属しているが，毎年の米価引き上げのときには農林省とのかけひきで活躍し，大きな政治力を発揮している」との指摘がある（現代議会政治研究会編『議

会用語ハンドブック』〔ぎょうせい，1987年〕，159頁）。
*15 猪口・岩井，前掲書『「族議員」の研究』，104頁。
　　また，かつて自民党事務局のスタッフであった，村川一郎は，「部会に常時出席して法律案の内容等を説明する幹部官僚は，課長補佐時代から積極的に部会に顔を出し，部会機能を実際に学びとるとともに，部会員に"顔"を覚えてもらう。逆に部会員は，その者を通じていろいろな政策問題を頼めば解決してもらえるという便宜をもつ」と述べている（村川一郎『日本の政策決定過程』〔ぎょうせい，1985年〕，105頁）。
　　ところで，55年体制のもとで，「情報を自民党の政治家と公務員で独占することが意図的に行われてきました。自民党は，情報は権力の源であることをよく知っている政党です。そのため，自民党政権が続く中で，公文書の公開を制度的に保証する情報公開制度の整備は，遅々として進みませんでした」との指摘があることも付言しておこう（瀬畑源『公文書問題―日本の「闇」の核心―』〔集英社，2018年〕，5頁）。
*16 『読売新聞』1994年9月9日，10面。
*17 松田真「郵政弘済会―郵政OB曰く『元郵便局長と労働貴族の第二の人生のためにある』―」『エコノミスト』2001年3月6日号，77頁。
*18 天下りとは，「国の省庁などで働いている公務員が仕事を辞めた後，出身省庁と関係のある団体や民間企業に再就職すること」であり，「道路や橋などの公共工事を発注する国土交通省の職員が，工事を引き受ける建設会社に再就職すれば天下りということになる」（『読売新聞』2009年11月13日，12面）。
　　近年では，「中央人事行政機関である内閣総理大臣の権限委任を受けて，再就職等規制（他の国家公務員・元国家公務員の再就職依頼・情報提供等規制，現職国家公務員による利害関係企業等への求職活動規制，再就職者〔元国家公務員〕による元の職場への働きかけ規制）の監視機関として，平成19年の国家公務員法の改正（国家公務員法等の一部を改正する法律〔平成19年法律第108号〕）により内閣府本府に設置された」，再就職等監視委員会がある（http://www5.cao.go.jp/kanshi/iinkai.html〔2018年4月30日〕）。
*19 間宮ほか，前掲書『政治・経済』，57頁。
*20 村松岐夫「動き出す公務員制度改革―唐突な『天下り規制法案』提出　積み残された本筋の改革を急げ―」『エコノミスト』2007年6月5日号，89頁。
*21 『読売新聞』2015年11月15日，12面。
*22 『朝日新聞』2014年9月3日，4面。
*23 このことに関連して，『毎日新聞』の「社説：引き継ぐべき憲法秩序　首相権力の統制が先決だ」では，「小選挙区制の導入，政党助成制度の創設，首相官邸機能

の強化といった1990年代から進められてきた政治改革が，首相権力の増大に寄与しているのは明らかだ」とし，「中選挙区時代の自民党はライバルの派閥が首相の独走を抑えてきた。しかし，今や首相は選挙の公認権と政党交付金の配分権を実質的に独占する。政府にあっては内閣官房スタッフの量的拡大と内閣人事局のにらみを前に各省は自律性を弱めた」との分析をおこなっている。そして，こうした「国会と内閣の同時掌握が『安倍1強』の根底にある」のだとしている（『毎日新聞』2018年5月3日，5面）。

第6回 野党の審議拒否と参考人招致・証人喚問

(2018年5月11日)

　今回は,「おはようございます」というあいさつから話をはじめたい。というのは,2018年4月20日から,"眠れる森の美女"状態にあった国会(第196回国会)が,5月8日,19日ぶりに審議を正常化したからだ[*1]。じつは,政界の隠語において,野党が審議拒否することを「寝る」といい,「逆に審議に応じることを『起きる』という」[*2]。それゆえ,「おはようございます」とのあいさつをしたわけだ。

　ちなみに,国会戦術において,「数で劣る野党が押し切られずに主張を通すには,審議拒否が最大の武器」とされてきた。今回のケースとは異なるが,なかでも,「とくに予算案を"人質"にとれる予算委では,これがものをいう」ようだ。たとえば,「55年体制」下の1970年からの15年間において,「衆院予算委でこの戦術を本格的にとろうとしなかったのは(昭和)四十六年と五十年ぐらい」(カッコ内,引用者補足)といわれるほど,審議拒否は睡眠好きの野党の常套手段といえる。今回,柳瀬唯夫・元首相秘書官(現経済産業審議官)の参考人招致が設定されたが,1976年のいわゆる「ロッキード国会では,審議拒否で証人喚問を次々に実現させるなど,予算成立を五月までずれ込ませた」過去もあるほどだ[*3]。それゆえ,今回のケースでも,野党は審議拒否をつうじて,柳瀬の証人喚問を勝ちとろうと考えていたのだ。

　先述したように,5月8日,国会が"おきる"こととなったが,その要因の1つに,日程的な制約をあげることができる。なぜなら,6月20日の会期末にむけて,「5月の前半は衆議院の常任委員会では法案審査が佳境」になるからだ。参議院法制局参事をつとめた経験をもつ清野正哉は,通常,「3月までの予算委員会での審議を終え,4月に入り,衆参両院は,予算

委員会からの解放となり，実質的な法案審査が開始されます。そして，先に多くの法案審査をしている衆議院の各常任委員会では5月の連休前後から法律案の採決に向けた日程を取るようになります。法案審査については衆議院だけではなく，同様に参議院においても参議院先議法案を審査し，ちょうどこの時期に法案審査の終局に向けた日程を取る」ようになり，「このような意味で，5月の連休明けからは，法案審査における採決に向けた日程が各委員会で執り行われることとなります」と述べている[*4]。今国会での働き方改革関連法案の可決・成立をめざす与党側は，こうしたスケジュールを加味して，一定程度，野党側の要求をのんだのである。

さて，野党による審議拒否は，『新・国会事典』〔第3版〕によると，議事妨害の1つとされている。じつは，「諸外国でも，少数党の抵抗手段として，長時間の発言や動議の提出などの正当な議事手続によって議事を引き延ばすことは，議事妨害として容認されている」のだ[*5]。ちなみに，米国連邦議会において，「一九五七年，黒人の差別撤廃を内容とする『公民権法』に反対のJ・サーモンド上院議員は，二四時間一八分のマラソン演説を行ったと記録されている」ようである。米国連邦議会の「規則によると，演説者は演説をはじめたら休んだり，演壇を離れたりすることができない。そうすると，演説する権利を自動的に失ってしまう」こととなる。そのため，「演説者は『サンドイッチ』を口にほおばるなどして空腹をしのぎ，睡魔と戦いながら，演説を続ける」ことをしたという[*6]。このフィリバスターとよばれる手法は，米国連邦議会において，しばしばみられる[*7]。

日本における議事妨害

では，日本の場合はどうであろうか。日本でも，かつての「帝国議会時代では，議事妨害の主流は，質疑者がその議題につき延々と長時間の発言を行い，審議の遅延を図る長時間演説であり，本会議で，議員が次々に交

代して長時間演説を行った」ようだ[*8]。第二次大戦後も，1956年4月19日，「第二四回国会（常会）で，日本社会党の高津正道議員は清瀬一郎文相不信任決議案の趣旨弁明を六時間やる予定で登壇した」ものの，「最初の意気込みと違い，体力の限界から一時間五分で倒れ，六時間は実現しなかった」そうである[*9]。その後も，「議員二，三人が長時間発言を試みたが，いずれも目的を達成することなく終わってしまった」とのことだ[*10]。もっとも，「国会法第61条第1項では，議長は，質疑，討論その他の発言について，あらかじめ議院の議決があった場合を除いて，時間を制限することができることが規定されているし，各議院規則には，質疑終局や討論終局の動議の提出についても規定されている」し，「議長は，発言が議事妨害と認めるときはこれを制止することとされており（衆先例），現在では長時間演説により議事妨害を行うことは難しい」のが実状だ[*11]。そのため，日本では，野党によって，審議拒否という戦術がとられることが多い（図表6-1参照）。

■図表6-1　国会での主な審議拒否と正常化のきっかけ

- 1976年通常国会＝ロッキード事件の真相究明
  衆参議長のあっせんで三木首相と社会，共産，公明の党首が会談。真相究明の議長裁定を受け入れ
- 87年通常国会＝売上税関連法案
  衆院議長が法案の取り扱いを預かり，廃案に
- 89年通常国会＝リクルート事件の真相究明
  竹下首相が退陣表明し，原衆院議長も辞任
- 92年通常国会＝国連平和維持活動（PKO）協力法案
  宮沢首相が社会，公明，共産，民社の各党首と個別会談
- 93年臨時国会＝政治改革関連法案
  細川首相と野党の河野・自民党総裁が会談
- 96年通常国会＝住宅金融専門会社の処理策
  橋本首相と小沢・新進党党首が会談
- 2000年通常国会＝衆院定数削減の公選法改正案
  衆院議長のあっせん案を与野党が受け入れ

（出所）『朝日新聞』2005年6月1日，4面。

議事妨害の手法としては，これ以外にも，「議案の表決に先立って先決問題となる常任委員長解任決議案，内閣不信任決議案や動議などを提出する」ことなどがある[*12]。さらに，「記名投票の際，牛のようにゆっくり歩いて議事を遅らせる戦術」の"牛歩"も忘れてはならない。このやり方は，「47年の片山哲内閣当時，野党だった自由党の大野伴睦氏が発案したと言われるが，実は戦前の29年，衆院で民政党などが行ったのが初のケース」であったようだ。おそらく，「92年のPKO協力法，88年の消費税法案で社会党などが行った」ことが記憶にのこっているであろう。ちなみに，牛歩戦術の「最長記録はPKO協力法をめぐる参院の13時間8分」とされる。このほか，「少数党は強行採決を阻止するために，議長室前や議場の入口に座り込むなど物理的に抵抗することもある」が，それが，"ピケ"である。ピケというのは，「ピケットの略」で，「60年の安保国会では，当時の清瀬一郎衆院議長が，議長室前に詰めかけた社会党議員らを排除するため，警官隊を導入した」し，「新進党は95年にもピケで参院宗教法人等特別委員会の開会を阻止した」りもした[*13]。

物理的な抵抗ではないが，"宙吊り"という技（？）が披露されることもある。「宙吊りとは，国会に提出された法律案について，本会議での趣旨説明の要求がだされ，委員会に付託されないままの状態におかれていること」をさし，「『つるす』ともいう」そうだ。宙吊りの例としては，「第一〇一国会において，財源確保法案は，内閣から国会に提出されたのは二月八日のことであった」が，同法案が，「委員会に付託されたのは三月三〇日で，その間実に約二か月弱も提出されたまま審議に入れない『宙吊り』の状態が続いた」ことをあげることができる[*14]。

上記のような手法がとられる背景には，いみじくも，『読売新聞』が指摘しているように，「国会に会期があるため，野党が対決法案の審議を遅らせ，時間切れ，廃案に持ち込む戦術がとりやすいことも一般的に大きな要素となっている」[*15]。このことは，国会法・第68条に明記された，会期不継続の原則─「会期中に議決に至らなかつた案件は，後会に継続しない。

但し，第四十七条第二項の規定により閉会中審査した議案及び懲罰事犯の件は，後会に継続する」——と大きく関係している。これによって，「審査未了の法案は，例外的に閉会中も委員会で審査を継続する（衆議院では『閉会中審査』，参議院では『継続審査』という）と議決されない限り，会期切れにより廃案となってしまう」。そのため，「会期末には残されたわずかの時間をめぐって，与野党の攻防が繰り広げられることになる」のだ*16。

かくして，「与野党対決法案では『会期切れに追い込む』ことが野党の最終目標になってしまっているので，野党側はなるべく審議を先送りし，会期切れで廃案となるのを待つ戦術をとる。その間に，水面下で審議再開をめぐって与野党間の駆引きが行なわれ，場合によっては，法案について与党側の譲歩を引き出すことも可能になる」のだ。「五五年体制崩壊後もさほど変わっていない」，こうした状況について，大山礼子・聖学院大学教授は，「審議回避が主要な議会戦術になっているということ自体，言論の府としては異常だろう。野党は言論によって抵抗する戦術を工夫すべきだし，それをサポートする体制づくりや逐条審議の実施など法案審議の見直しも必要である」と，断じている*17。

参考人招致と証人喚問

ここで，前出の柳瀬の参考人招致に目を転じよう。「参考人に出頭を求める場合は，委員会で参考人出頭決議を行い，委員長名で公文書を発送することになる（東京近辺に所在する場合は，直接担当者が持参している）。一般的に，公文書の発送から委員会の開会まで一週間の間を置くが，公団や事業団の役職員等を参考人とする場合には，事前に事務的な打ち合わせを行い，当日決議を行って意見を聴取するということも少なくない」ようだ。なお，衆議院の場合，「現在，参考人に関する規定としては，国会法第一〇六条が旅費日当の支給に関して定める他は，委員会に関し，審査又

は調査のため，参考人の出頭を求め，その意見を聴くことができるとする衆議院規則八五条の二と，本会議における参考人について定めた同二五七条があるのみである」という[*18]。

今回のケースでは，野党6党は，衆参両院の予算委員会における柳瀬の証人喚問を求めていた。ところが，与党側は，参考人招致をゆずろうとはしなかった。その理由はさまざま考えられるが，そのうちの1つに，証人喚問のもつ強制性をあげることができよう。

日本国憲法・第62条には，「両議院は，各々国政に関する調査を行ひ，これに関して，証人の出頭及び証言並びに記録の提出を要求することができる」（＝議院の国政調査権）と記されている。これにもとづいてつくられたのが，議院証言法（＝「議院における証人の宣誓及び証言等に関する法律」）である。同法・第1条において，「各議院から，議案その他の審査又は国政に関する調査のため，証人として出頭及び証言又は書類の提出（提示を含むものとする。以下同じ。）を求められたときは，この法律に別段の定めのある場合を除いて，何人でも，これに応じなければならない」とされているうえに，第1条の5で，「虚偽の陳述をしたときは刑罰に処せられること」（4号）が明記されている。したがって，証人喚問の場合，「強制力のない参考人招致と違い，正当な理由なく出頭や証言を拒否したり，うその証言をしたりすると刑罰の対象になる」というわけだ。現に，「2007年に証人喚問された守屋武昌元防衛事務次官は，後に議院証言法違反（偽証）容疑で衆参両院の委員会に告発され，有罪が確定した」のである[*19]。最近では，森友学園の問題をめぐって，2017年3月23日，同学園理事長の籠池泰典が衆参両院で，証人喚問を受けたことが，われわれの記憶にあたらしい。ちなみに，「1976年のロッキード事件以降，証人喚問したのは，籠池氏を除いて118人」いるようで，籠池のケースのように，「同一の人物に対する証人喚問が，衆参両院で同じ日に行われるのは初めて」であったという[*20]。

■図表6-2　政治家のかかわった主な証人喚問

年	事件
1976～77年	ロッキード事件

中曽根康弘・元自民党幹事長，
小佐野賢治・国際興業社主ら

79年	ダグラス・グラマン事件

松野頼三・元防衛庁長官，
海部八郎・日商岩井副社長ら

88～89年	リクルート事件

中曽根康弘・元首相，
江副浩正・元リクルート会長ら

92～93年	東京佐川急便事件

竹下登・元首相，
小沢一郎・元自民党幹事長ら

95年	２信組問題

山口敏夫・元労相，
中西啓介・元防衛庁長官ら

2001年	ＫＳＤ事件

村上正邦・元労相

02年	外務省問題

鈴木宗男・元内閣官房副長官

（出所）『朝日新聞』2010年10月6日，4面。

なお，証人喚問にあたって，「委員から吊るし上げのような尋問がなされる等，証人に対する人権侵害とも受け取れるようなこともしばしばあった」らしく，「戦後の一時期を過ぎると，証人喚問は実施されなくなった」ようだ。だが，「昭和五一年のロッキード事件をきっかけに，再び証人喚問が行われるようになり，その喚問の方法，つまり質疑のあり方や報道のあり方に問題が投げかけられることになった」。その結果，「議院外証言制度や補佐人制度の創設，証言拒否権等の告知，尋問事項の制限，尋問中の撮影禁止等が新たに盛り込まれることになった」（1988年）ものの，尋問中の撮影禁止については，「放送関係者や一般国民からの批判が大きく，結局第一四三回国会において，これが緩和されること」（1998年）となり，

「現在は、証人の意見を聴いた上で、委員会に諮って動画の撮影が許可されることになっている」[*21]。

これまで、数々の証人喚問が実現しているが、動画の力を感じたのは、ダグラス・グラマン事件時をめぐっての海部八郎のものであろう。テレビ報道記者の金平茂紀も、「僕が最も鮮明に記憶している国会喚問のシーンは、79年のダグラス・グラマン事件で、海部八郎・日商岩井副社長（当時）が喚問された際、宣誓書に署名するに当たって、手の震えが止まらなくなってなかなか署名できなかったという劇的な場面だ」と述懐しているが、幼少期の筆者にとっても、いまなお鮮明な記憶としてのこっている[*22]。

最後に、かつて、「証人喚問は日本ではなじみにくかったうえ、手続きや制裁措置が厳格なことなどから、一律に証人喚問するのではなく、事案によっては簡素な手続きと、制裁措置抜きで関係者や有識者の意見を聴取できるよう、参考人招致という方式が考え出され、昭和二十七年から昭和三十年にかけて制度化された」という歴史的事実を付言しておきたい[*23]。

注

*1 『朝日新聞』2018年5月9日、4面。
*2 『読売新聞』2004年4月3日、4面。
　　ちなみに、この手法は、「自社55年体制下で旧社会党が多用した」という（同上）。
*3 『朝日新聞』1985年3月4日、2面。
　　もっとも、「自民党の絶対多数下では、こうした派手な成果も時折はあったものの、せいぜい政府を暫定予算に追い込むことで野党のメンツを保った程度。ところが、与野党伯仲が実現した五十二年以降、様相はがらりと変わる。野党が衆院予算委の『与野党逆転』を武器に、減税を軸にした予算修正要求を突きつけ、審議ストップで修正を実現させるようになった」という（同上）。
*4 清野正哉『国会とは何か―立法・政策の決定プロセスと国会運営―』（中央経済社、2010年）、173-174頁。
*5 浅野一郎・河野久編『新・国会事典』〔第3版〕（有斐閣、2014年）、96頁。
*6 村川一郎・松本或彦『政治おもしろ帖』（リバティ書房、1996年）、62-63頁。
*7 米国では、「演説の中で電話帳を読んだり、フレデリック大王を論じたり、あるいはカキフライの作り方を述べたり等々のこと」が、「常用手段となっている」よ

うだ（『朝日新聞』1956年4月24日，3面）．

＊8 浅野・河野編，前掲書『新・国会事典』〔第3版〕，97頁．
　　その一例が，「1929年の衆院本会議での武富済（わたる）氏の5時間半の演説」である（『読売新聞』1996年4月14日，3面）．これ以外に，「戦前の予算委員会で砂田重政が七時間しゃべり続けたという伝説がある」（渡辺恒雄監修『政治の常識―人脈・金脈・かけひき・政策がわかる本―』〔講談社，1976年〕，207頁）．

＊9 村川・松本，前掲書『政治おもしろ帖』，63頁．
　　このとき，「五時間くらいのフィリバスター（議事妨害演説）をやるつもりで，前夜は徹夜で準備した」という高津は（『朝日新聞』1956年4月21日，1面），「出身がお坊さんだけに読経みたいに単調な調子でエンエン一時間余，時折ポケットから卵入り牛乳のびんを出してはチビリチビリとやっていたが議席から自民党が『ぶっ倒れるぞ！』とヤジっていたのが本当になって立往生―貧血を起して，衛視に助けられながら降壇した」という（『読売新聞』1956年4月20日，2面）．

＊10 村川・松本，前掲書『政治おもしろ帖』，63頁．
＊11 浅野・河野編，前掲書『新・国会事典』〔第3版〕，97頁．
＊12 同上．
＊13 『読売新聞』1996年4月14日，3面．
＊14 現代議会政治研究会編『議会用語ハンドブック』（ぎょうせい，1987年），161頁．
＊15 『読売新聞』1996年4月14日，3面．
＊16 大山礼子『国会学入門』〔第2版〕（三省堂，2003年），61頁．
　　ちなみに，「日本の国会における野党の影響力を再評価したマイク・モチヅキは，議員数で劣る野党による抵抗が可能となるのは法案審議に使える『時間』が限られているためであると考え，実質的審議時間を短くしている原因として委員会制度，二院制と並んで会期制をあげている」（同上，60-61頁）．
＊17 同上，63-64頁．
＊18 向大野新治『衆議院―そのシステムとメカニズム―』（東信堂，2002年），87-88頁．
＊19 『毎日新聞』2018年3月27日（夕），1面．
　　また，かつて，「児玉誉士夫氏は（昭和）五十一年の証人喚問は臨床尋問で対処したが，五十二年には出頭を拒否，不出頭罪で告発された」（カッコ内，引用者補足）こともあった（同上，1988年11月21日，3面）．
＊20 『読売新聞』2017年3月23日（夕），14面．
　　なお，1988年11月21日付の『毎日新聞』によると，議院証言法が「戦後の隠匿物資摘発の手段の一つとして制定されたため，そのほとんどが（昭和）二十年代に集中している」（カッコ内，引用者補足）ものの，「これまでに衆院が証人喚問したのは延べ千六十六人」とのことである（『毎日新聞』1988年11月21日，3面）．

*21　向大野，前掲書『衆議院』，81頁。
　　　ちなみに，証人喚問に対する世間の関心はたかく，「ロッキード事件（51年）では15.4％，ダグラス・グラマン疑惑（54年）は6.5％と，国会中継では高い視聴率」となったものの，1988年11月21日におこなわれた，「衆院リクルート問題調査特別委員会のNHK『国会中継』の視聴率（ビデオ・リサーチ調べ，関東地区）は，江副浩正前リクルート会長が証言（写真は着席直後）した午前10時－11時55分が3.7％，高石邦男前文部事務次官と加藤孝前労働事務次官が証人となった午後1時－3時20分が3.9％。また，日本テレビ系の『報道特番・リクルート江副喚問国会生情報』（午前10時－10時50分）は2.4％」しかなかったという（『朝日新聞』1988年11月25日〔夕〕，19面）。
*22　『毎日新聞』2018年3月30日（夕），8面。ちなみに，「『司法権の独立に反する国政調査はしてはならない』というのが学会の通説で，刑事被告人を証人喚問すれば，裁判内容にかかわる質問などはできないとされている」が，海部の場合，刑事裁判で起訴されたのちに，証人喚問がおこなわれている（『朝日新聞』1992年2月6日，5面）。
*23　『読売新聞』1991年8月2日，13面。

料金受取人払郵便

神田局
承認
8122

差出有効期間
平成32年1月
31日まで

郵 便 は が き

１０１-８７９６

５１１

（受取人）
東京都千代田区
神田神保町1-41

同文舘出版株式会社
愛読者係行

毎度ご愛読をいただき厚く御礼申し上げます。お客様より収集させていただいた個人情報は、出版企画の参考にさせていただきます。厳重に管理し、お客様の承諾を得た範囲を超えて使用いたしません。

図書目録希望　　有　　　無

フリガナ		性　別	年　齢
お名前		男・女	才

ご住所	〒　　　　　　　　　　　　　　　　　　　　　　　　　　　 TEL　　　（　　）　　　　　　Eメール
ご職業	1.会社員　2.団体職員　3.公務員　4.自営　5.自由業　6.教師　7.学生　8.主婦　9.その他（　　）
勤務先 分　類	1.建設　2.製造　3.小売　4.銀行・各種金融　5.証券　6.保険　7.不動産　8.運輸・倉庫　9.情報・通信　10.サービス　11.官公庁　12.農林水産　13.その他（　　）
職　種	1.労務　2.人事　3.庶務　4.秘書　5.経理　6.調査　7.企画　8.技術　9.生産管理　10.製造　11.宣伝　12.営業販売　13.その他（　　）

愛読者カード

書名

◆ お買上げいただいた日　　　　　年　　　月　　　日頃
◆ お買上げいただいた書店名　　（　　　　　　　　　　　　）
◆ よく読まれる新聞・雑誌　　　（　　　　　　　　　　　　）
◆ 本書をなにでお知りになりましたか。
　1．新聞・雑誌の広告・書評で　（紙・誌名　　　　　　　　）
　2．書店で見て　3．会社・学校のテキスト　4．人のすすめで
　5．図書目録を見て　6．その他（　　　　　　　　　　　　）
◆ 本書に対するご意見

◆ ご感想
　●内容　　　　　良い　　普通　　不満　　その他（　　　　）
　●価格　　　　　安い　　普通　　高い　　その他（　　　　）
　●装丁　　　　　良い　　普通　　悪い　　その他（　　　　）
◆ どんなテーマの出版をご希望ですか

<書籍のご注文について>
直接小社にご注文の方はお電話にてお申し込みください。宅急便の代金着払いにて発送いたします。書籍代金が、税込1,500円以上の場合は書籍代と送料210円、税込1,500円未満の場合はさらに手数料300円をあわせて商品到着時に宅配業者へお支払いください。
同文舘出版　営業部　TEL：03-3294-1801

第7回 国会はダイエット中!?

(2018年5月18日)

　ダイエットと聞くと，みなさんはなにを思い浮かべるであろうか。大多数の人が，メタボや糖質制限ということばを想像するにちがいない。しかし，ここでとりあげるダイエットは，国会のことである。国会は，英語でDietと訳される。イギリスの議会はParliamentで，米国の連邦議会はCongressという単語があてられる。その理由として，「ダイエットはヨーロッパ大陸諸国，パーラメントは英国とその旧植民地，コングレスは米国で，というように別々に使用されたからである」。日本の場合，大日本帝国憲法の起草にあたって，「伊藤博文等の政治観からプロイセン憲法の影響を受け『帝国議会』と総称した」が，「その訳文は『インペリアル・ダイエット』であった」[*1]。

　その国会では，衆議院と参議院の2つの院からなる二院制（＝両院制）が採用されている（日本国憲法・第42条「国会は，衆議院及び参議院の両議院でこれを構成する」）。周知のように，「明治憲法下の二院制は貴族院と衆議院がほぼ対等の地位にある，いわゆる貴族院型の二院制であった」が，「日本国憲法における二院制は，両院とも民主的基礎に立ち，しかも衆議院が優越する地位にあるいわゆる『跛行的両院制』である」[*2]。

　憲法学者の芦部信喜によると，「二院制は，通常，民選議員によって構成される下院と，上院からなる」が，「上院の構成は，①貴族院型（例，明治憲法），②連邦型（例，アメリカ），③民主的第二次院型（例，第三・第四共和制フランス）に大別され，わが国の参議院は③の型に属する」とのことである。しかも，「民主政にとっては，国民の意思を代表する機関は一つで足りるはずであるのに，第二院が設けられる理由としては，①議会の専制の防止，②下院と政府との衝突の緩和，③下院の軽率な行為・過

誤の回避，④民意の忠実な反映，などが挙げられている。第二院の組織が，貴族院型から連邦型・第二次院型へ移行するという趨勢にともない，第二院の主要な存在理由は，①，②から③，④へと移ってきている」ようだ[*3]。

二院制の意義

ところで，日本国憲法制定の過程では，日本側とGHQ（連合国軍総司令部）側とのあいだで，さまざまなやりとりがなされたことは，有名な話である。日本の「政府は憲法改正草案の起草に着手し，政府草案は，連合国最高司令官の下に提出されたが，この草案は，明治憲法と大差がなかったため，日本民主化に不十分なものとして拒否された。そこでマッカーサー元帥の下で憲法改正草案が起草され，この草案が政府に示されることとなった。これがいわゆる『マッカーサー草案』である」。このマッカーサー草案では，国会に関しては，一院制をうたっていたという。それは，「二院制よりも一院制のほうが立法府と行政府との間に実際の関係を定めやすい」からであり，「議会を一院制にすることは，代表民主制運営の責任を一点に集中するから賢明であり，有用である」という理由からであった。しかし，結局，日本側がのぞんだとおり，日本国憲法では，二院制が採用されることとなった。ここで留意しておきたいのは，GHQ側が，「一院制か二院制は基本的な問題ではなく，公選の議員のみで構成される，完全な公選制」に固執したという事実である[*4]。

なお，「両議院のうちで，国民から選ばれた議員によって組織される議院は，通常下院と呼ばれるが，日本国憲法の国会においては，これを構成する両議院はともに同じように公選議員で組織されるから，いずれを下院と呼ぶかについて，別段の根拠はない。しかし，衆議院と参議院とをくらべれば，国民から選ばれた議員で組織される点は同じであるが，その権能において，衆議院は多くの点で参議院に対して優越性をみとめられているし，また，その議員の任期が短い点や，解散がみとめられる点からいって，

衆議院のほうがより高い程度において国民に直結しているといえるから，その点に着目して，衆議院を下院と呼ぶことに，おそらく十分な意味があるといえる」のだ[*5]。

さて，「『日本国憲法』の発布にあたり，全国の中学生に向けて文部省が編纂刊行した『子供のための憲法読本』」である[*6]，『あたらしい憲法のはなし』には，この二院制について，つぎのように記されている[*7]。

> 日本の国会は，「衆議院」と「参議院」との二つからできています。その一つひとつを「議院」と言います。
> このように，国会が二つの議院からできているものを，「二院制度」と言うのです。国によっては，一つの議院しかないのもあり，これを「一院制度」と言うのです。
> しかし，多くの国の国会は，二つの議院からできています。国の仕事は，この二つの議院が一緒に決めるのです。
> なぜ二つの議院がいるのでしょう。
> みなさんは，野球や，そのほかのスポーツでいう「バック・アップ」ということをご存じですか。
> 一人の選手が球を取り扱っているとき，もう一人の選手が，後ろに回って，まちがいのないように守ることを，「バック・アップ」と言います。
> 国会は，国の大事な仕事をするのですから，衆議院だけでは，まちがいが起こるといけないから，参議院が「バック・アップ」する働きをするのです。
> ただし，スポーツのほうでは，選手がお互いに「バック・アップ」しますけれども，国会では，主な働きをするのは衆議院であって，参議院は，ただ衆議院を「バック・アップ」するだけの働きをするのです。
> したがって，衆議院のほうが，参議院よりも，強い力を与えられているのです。この強い力を持った衆議院を「第一院」と言い，参議院を「第二院」と言います。

こうした，いわゆる「跛行的両院制」が採用された背景には，「参議院に対しては，衆議院におけるが如き責任と権力をみとめず，参議院からは，むしろ比較的局外中立的な良識ある勧告者の役割を期待した」とする識者がいることも指摘しておこう[*8]。

　ちなみに，「世界の193か国を対象にした調査では，2017年4月現在，二院制の国は78か国」しかなく，「一院制の国のほうが多い」のが実状だ。だが，「民主国家で人口2000万人以上の国では，二院制をとっている例が多い」という事実もある[*9]。

　さて，これから，衆議院と参議院の組織について具体的に検討するが，そのまえに，衆議院と参議院が，おのおの，国会議事堂のいずれの側に位置しているかをおさえてえおこう。「見よう，知ろう，みんなの国会──衆議院へようこそ──」には，「議事堂は，正面から見て左側が衆議院，右側が参議院となっています」との記述がある[*10]。衆議院と参議院のあいだにある中央玄関を入ると，そこには，267.65平方メートルの中央広間がある。この中央広間の天井までのたかさは，じつに32.62メートルもあり，「奈良県の法隆寺の五重塔がちょうど入る大きさだといわれている」そうだ。また，「広間には，議会政治の発展に貢献した，伊藤博文，板垣退助，大隈重信の銅像が三方に立っています」が，「もう一方の台座は空いたまま」となっているようだ[*11]。これらの銅像は，大日本帝国憲法発布50年を記念して，1938年につくられたとのことだが，4つめの台座に銅像がないのは，「4人目を人選できず将来に持ち越された」とも，「政治に完成はない，未完の象徴」ともいわれているそうだ[*12]。また，国会の正門を入ったところには，議会開設80年を記念して，1970年に全国の都道府県から贈られた木が植えられている。傍聴以外にも，衆議院では国会参観，参議院では国会見学を実施しているので，自分の出身の都道府県の木を探すというのもおもしろいであろう。

　では，つぎに，衆議院と参議院の任期などについて，くわしくみていこう。日本国憲法・第45条には，「衆議院議員の任期は，四年とする。但し，

衆議院解散の場合には，その期間満了前に終了する」と定められており，1度選挙で当選すると，4年間の任期をつとめることになる。ただし，解散があった場合には，4年の任期をまっとうできないわけだ[*13]。つづく第46条をみると，「参議院議員の任期は，六年とし，三年ごとに議員の半数を改選する」とあり，参議院議員の任期が6年であることがわかる。そして，3年ごとに，議員の半数が改選されていくのである。そうなると，各院の定数が気になってくる。じつは，第47条において，「選挙区，投票の方法その他両議院の議員の選挙に関する事項は，法律でこれを定める」とされていて，具体的な定数については，日本国憲法のなかには明記されていない。そこで，「選挙が選挙人の自由に表明せる意思によつて公明且つ適正に行われることを確保し，もつて民主政治の健全な発達を期することを目的とする」（公職選挙法・第1条），公職選挙法の第4条をみてみよう。同条1項には，「衆議院議員の定数は，四百六十五人とし，そのうち，二百八十九人を小選挙区選出議員，百七十六人を比例代表選出議員とする」とあり，2項には，「参議院議員の定数は二百四十二人とし，そのうち，九十六人を比例代表選出議員，百四十六人を選挙区選出議員とする」とある。ちなみに，「各選挙区において選挙すべき議員の数は，一人とする」（公職選挙法・第13条1項）ことが，衆議院の小選挙区選出であって，参議院の選挙区選出は，選挙区ごとに定数が異なっている。たとえば，東京都は12人の議員数が割りあてられているが，鳥取県・島根県，徳島県・高知県は，2県の区域が選挙区となり，割りあてられた議員数も2人のみである。また，比例代表について，衆議院の場合は全国を11のブロック（北海道，東北，北関東，南関東，東京都，北陸信越，東海，近畿，中国，四国，九州）にわけているが，参議院の場合，「全都道府県の区域を通じて，選挙する」（公職選挙法・第12条2項）こととされている。

のぞましい定数は？

　定数については、これまでに変更されてきた歴史がある。たとえば、衆議院でいうと、第41回総選挙（1996年10月20日）の時点において500であった定数が、第42回選挙（2000年6月25日）のときに480となっている。他方の参議院でみると、第19回通常選挙（2001年7月29日）時に247であったものが、第20回選挙（2004年7月29日）で、現行の242となっている。蛇足であるが、筆者の個人的な経験でいうと、社会科の授業で、衆議院の定数で511（第34回選挙：1976年12月5日）と覚えていたものが、512（第38回選挙：1986年7月6日）となったときのことが、鮮明な記憶としてのこっている[*14]。

　ところで、多くの人間の関心のたかい国会議員の"お給料"（＝歳費）であるが、これは法律（＝「国会議員の歳費、旅費及び手当等に関する法律」）にもとづいて支給されている。その第1条には、「各議院の議長は二百十七万円を、副議長は百五十八万四千円を、議員は百二十九万四千円を、それぞれ歳費月額として受ける」とある[*15]。もちろん、国会議員には、ボーナス＝期末手当も支給されている[*16]。

　このほかにも、「各議院の議長、副議長及び議員は、公の書類を発送し及び公の性質を有する通信をなす等のため、文書通信交通滞在費として月額百万円を受ける」（第9条1項）し、「各議院の議長、副議長及び議員は、その職務の遂行に資するため、旅客鉄道株式会社及び日本貨物鉄道株式会社に関する法律（昭和六十一年法律第八十八号）第一条第一項に規定する旅客会社、旅客鉄道株式会社及び日本貨物鉄道株式会社に関する法律の一部を改正する法律（平成十三年法律第六十一号）附則第二条第一項に規定する新会社及び旅客鉄道株式会社及び日本貨物鉄道株式会社に関する法律の一部を改正する法律（平成二十七年法律第三十六号）附則第二条第一項に規定する新会社の鉄道及び自動車に運賃及び料金を支払うことなく乗ることができる特殊乗車券の交付を受け、又はこれに代えて若しくはこ

れと併せて両議院の議長が協議して定める航空法（昭和二十七年法律第二百三十一号）第百二条第一項に規定する本邦航空運送事業者が経営する同法第二条第二十項に規定する国内定期航空運送事業に係る航空券の交付を受ける」（第10条１項）ことができるのだ。

　さらに，「国会における各会派に対する立法事務費の交付に関する法律」の第１条──「国会が国の唯一の立法機関たる性質にかんがみ，国会議員の立法に関する調査研究の推進に資するため必要な経費の一部として，各議院における各会派（ここにいう会派には，政治資金規正法〔昭和二十三年法律第百九十四号〕第六条第一項の規定による届出のあつた政治団体で議院におけるその所属議員が一人の場合を含む。以下同じ。）に対し，立法事務費を交付する」──にもとづき，各会派に立法事務費が交付されているが，「立法事務費として各会派に対し交付する月額は，各議院における各会派の所属議員数に応じ，議員一人につき六十五万円の割合をもつて算定した金額とする」ことも定められている。

　これらを合算すると，国会議員の収入は，「年間4000万円超になる。さらに年間総額約320億円の政党交付金が各議員へ配分される（受け取っていない共産党は除く）」し，「秘書３人までの給与は公費」によって，まかなわれる[*17]。くわえて，国会議員宿舎も用意されている。2007年４月14日付の『毎日新聞』によれば，東京の一等地にある，「衆院赤坂議員宿舎は，3LDKが300戸あり，家賃は月９万2000円」とのことだ[*18]。

　このほか，「かつては，永年在職議員には，特別交通費の支給及び肖像画作製の特典があり，在職50年以上の特別表彰を受けた者には，憲政功労年金の支給の特典があった」ものの，「国会議員の歳費，旅費及び手当等に関する法律の改正等により，これらの特典は廃止された」（2002年）ことを付言しておこう。なお，ここでいう永年在職議員の資格要件としては，衆議院・参議院ともに，25年以上となっているが，「参議院議員については，在職24年に達した後任期満了等により退職し，再び国会議員とならない者についても，各会派の推薦を経て院議をもって永年在職議員として表彰し

■図表7-1　主要国の議員歳費などの比較（年額，下院議員）

	日本	アメリカ	イギリス	ドイツ
議員歳費 （1人あたり）	23,678,000円 （期末手当込み）	18,427,700円	8,851,893円	9,028,800円
議員の職務手当 （1人あたり）	12,000,000円	109,055,789円 ～166,572,438円 （秘書手当込み）	9,437,676円 （秘書手当込み）	4,485,672円
議員秘書手当 （議員1人あたり）	約32,107,000円			10,476,828円
政党国庫補助 （総額）	約315億円	なし	約3億6600万円	約139億6500万円

※国立国会図書館調べ。金額は2001年4月現在。日本円への換算は01年4月現在の為替レートによる
（出所）『読売新聞』2002年1月16日，4面。

ている」事例がみられる[*19]。ちなみに，特別交通費は，月額30万円で，「在職25年の際に支給される肖像画作成費」は，「1回限り100万円」であったという[*20]。

　仕事のハードさを考慮に入れると，国会議員が高額な報酬を手にすることは当然なのかもしれない。ただ，それだけの金額にみあった業務をこなしているのかとの疑問をもつ有権者が多数いることであろう。そうした不信を払拭するためにも，国会議員はみずからの行動で示すべきではなかろうか。それが無理であるならば，お給料の額をダイエットする必要があるといわれてもしかたがないであろう。

注

* 1　村川一郎・松本彧彦『政治おもしろ帖』（リバティ書房，1996年），22-23頁。
　　　なお，このダイエットということばは，「古ラテン語『デイエス』に由来し，一般人が集まる一種の集会を指したという。それがいつのまにか神聖ローマ帝国，旧ドイツ帝国の『帝国議会』を指すようになり，主にヨーロッパ大陸で拡がった」そうである（同上，22頁）。
* 2　浅野一郎「わが国二院制のあゆみ」浅野一郎編『現代の議会政』（信山社，2000年），46頁。
* 3　芦部信喜『憲法』〔新版　補訂版〕（岩波書店，1999年），267頁。

* 4　浅野，前掲論文「わが国二院制のあゆみ」浅野編，前掲書『現代の議会政』，42-43頁および46頁。
* 5　宮澤俊義・芦部信喜『全訂　日本国憲法』（日本評論社，1978年），345頁。
* 6　尾上進勇「復刻にあたって」文部省『あたらしい憲法のはなし』（東京出版，1995年），2頁。
* 7　同上，44-45頁。
* 8　宮澤・芦部，前掲書『全訂　日本国憲法』，367-368頁。
* 9　http://www.sangiin.go.jp/japanese/kids/html/himitsu/index.html（2018年5月10日）。
*10　衆議院事務局編「見よう，知ろう，みんなの国会―衆議院へようこそ―」（2018年2月）（http://www.shugiin.go.jp/internet/itdb_annai.nsf/html/statics/tetuzuki/kokkaiannai_s.pdf/\$File/kokkaiannai_s.pdf〔2018年5月10日〕），2頁。
*11　同上，4頁。
*12　http://www.sangiin.go.jp/japanese/taiken/gijidou/3.html（2018年5月10日）。
*13　ちなみに，第二次大戦後の衆議院議員の平均在職期間は，976日（約2年8カ月）となっている。なお，「衆院議員が4年の任期を満了したのは田中，三木両内閣（1972年12月～76年12月）の1回」だけで，「戦後2番目に衆院議員の在職日数が長かったのは，05年9月～09年7月の1410日」となっている（『読売新聞』2017年9月28日〔夕〕，2面）。
*14　たとえば，http://www.shugiin.go.jp/internet/itdb_annai.nsf/html/statics/ugoki/h17ugoki/09siryo/H17kans14.htm（2018/年5月10日）を参照されたい。
*15　歳費に関しては，東日本大震災の復興財源にあてるという目的で，2012年5月からの「2年間，1人当たり計540万円（年270万円）削減する内容」の「国会議員の歳費を削減する改正国会議員歳費法」が，議員立法によって成立した。これによって，「年間の議員歳費は1人当たり賞与を含めて約2100万円で，1年当たりの削減額は13％分に相当する」こととなり，「削減総額は2年間で39億2700万円」にもたっしたが（『読売新聞』2012年4月27日〔夕〕，2面），その期間をすぎると，「議員たちの話し合いでさっさと元に戻しました」という事実を忘れてはならない（『毎日新聞』〔大阪版〕2015年12月5日，23面）。
*16　「『期末手当』は歳費月額×1.45×2.95で，6月と12月の2回に分けて支給」をされているという（『毎日新聞』〔大阪版〕2015年12月5日，23面）。
*17　『毎日新聞』2015年3月16日（夕），2面。
*18　同上，2007年4月14日，8面。
*19　浅野一郎・河野久編『新・国会事典』〔第3版〕（有斐閣，2014年），82頁。
*20　『毎日新聞』2002年3月26日，5面。

第8回 衆参両院の委員会と「働き方改革」

(2018年5月25日)

　2018年5月22日の『毎日新聞』の夕刊には,「働き方改革関連法案を審議する衆院厚生労働委員会は22日,参考人の意見陳述と質疑を行った」との見出しがおどった[*1]。周知のように,「衆参両院の最終的な意思は,それぞれその本会議において決せられるが,多数の議員から構成される本会議を能率的に運用するために,予備的な審査機関として両院には多くの委員会が設けられ,議案の審査,国政の調査などが行われている」のだ[*2]。委員会には,常任委員会と特別委員会の2つがもうけられている。特別委員会の設置は,「各議院は,その院において特に必要があると認めた案件又は常任委員会の所管に属しない特定の案件を審査するため,特別委員会を設けることができる」(国会法・第45条1項)との規定にもとづいており,たとえば,1月22日に召集された第196回国会(常会)では,衆議院に,「北朝鮮による拉致等に関する諸問題を調査し,その対策樹立に資するため」の「北朝鮮による拉致問題等に関する特別委員会」(委員数:25人)や「東日本大震災からの復興に当たり,その総合的対策を樹立するため」の「東日本大震災復興特別委員会」(同45人),さらには,「地方創生に関する総合的な対策を樹立するため」の「地方創生に関する特別委員会」(同40人)など,計9委員会が設置されている[*3]。他方の常任委員会の数などについては,国会法・第41条において,きめられている。2項では,衆議院の常任委員会として,つぎの17委員会があがっている(カッコ内の人数は,衆議院規則・第92条に規定されている)。

　　内閣委員会(40人),総務委員会(40人),法務委員会(35人),外務委員会(30人),財務金融委員会(40人),文部科学委員会(40人),厚生労

働委員会（45人），農林水産委員会（40人），経済産業委員会（40人），国土交通委員会（45人），環境委員会（30人），安全保障委員会（30人），国家基本政策委員会（30人），予算委員会（50人），決算行政監視委員会（40人），議院運営委員会（25人），懲罰委員会（20人）

　また，参議院の常任委員会としては，以下のもの（17委員会）がある（国会法・第41条3項：カッコ内の人数は，参議院規則・第74条に規定されている）。

　　内閣委員会（20人），総務委員会（25人），法務委員会（20人），外交防衛委員会（21人），財政金融委員会（25人），文教科学委員会（20人），厚生労働委員会（25人），農林水産委員会（20人），経済産業委員会（21人），国土交通委員会（25人），環境委員会（20人），国家基本政策委員会（20人），予算委員会（45人），決算委員会（30人），行政監視委員会（30人），議院運営委員会（25人），懲罰委員会（10人）

　衆参両院の常任委員会の名称をみくらべると，衆議院では外務委員会が設置されているものの，参議院では外交防衛委員会がもうけられている。また，衆議院には安全保障委員会がおかれているが，参議院ではおなじ名称の委員会はない。このほか，参議院には決算委員会と行政監視委員会がべつべつにもうけられているが，衆議院の場合，決算行政監視委員会とひとまとめになったかたちとなっている。
　なお，国会法・第42条2項で，「議員は，少なくとも一箇の常任委員となる。ただし，議長，副議長，内閣総理大臣その他の国務大臣，内閣官房副長官，内閣総理大臣補佐官，副大臣，大臣政務官及び大臣補佐官は，その割り当てられた常任委員を辞することができる」と記されているが，参議院では，「議員は，同時に二箇を超える常任委員となることができない。二箇の常任委員となる場合には，その一箇は，国会法第42条第3項の場合

を除き，国家基本政策委員，予算委員，決算委員，行政監視委員，議院運営委員又は懲罰委員に限る」（参議院規則・第74条の２）との規定があることを付言しておきたい。

さて，冒頭でみたように，衆議院厚生労働委員会で，「法案採決の前提となる参考人質疑を行った」ということは，同法案の採決は目前にせまっているのだ。にもかかわらず，この参考人質疑の席でも，「創造性を発揮できる柔軟な働き方の選択肢を増やす」（輪島忍・経団連労働法制本部長）との肯定的な意見がある一方で，「働き過ぎの助長につながる。長時間労働是正に逆行する内容がひとくくり（の法案）にされていることも含めて極めて遺憾だ」（神津里季生・連合会長）との否定的な見解も存在している[*4]。

「働き方改革」とは？

このように，賛否両論がうずまく「働き方改革」とは，どのようなものなのであろうか。ここで，首相官邸のホームページをみると，「働き方改革は，一億総活躍社会実現に向けた最大のチャレンジ。多様な働き方を可能とするとともに，中間層の厚みを増しつつ，格差の固定化を回避し，成長と分配の好循環を実現するため，働く人の立場・視点で取り組んでいきます」と記されている[*5]。また，働き方改革の実務をになう，働き方改革実現推進室がスタートしたとき（2016年９月２日）の職員への訓示で，安倍晋三首相は，「世の中から『非正規』という言葉を一掃していく。そして，長時間労働を自慢する社会を変えていく。かつての『モーレツ社員』，そういう考え方自体が否定される。そういう日本にしていきたいと考えている次第であります」と述べたのであった[*6]。首相官邸のホームページの記述と安倍の訓示をみるかぎり，働き方改革によって，非正規がなくなり，格差も解消されていくとの印象を受ける。要するに，働き方改革のあとには，バラ色の未来だけが待っているということであろう。

しかしながら，世論は，政権側のこうした"思い"を共有できていないようだ。たとえば，『朝日新聞』がおこなった世論調査（実施期間：5月19日・20日）によると，「政府は働き方改革関連法案の成立を今の国会で目指しています。この法案は残業時間の上限を罰則付きで定める一方，専門職で年収の高い人を労働時間の規制の対象から外す『高度プロフェッショナル制度』を盛り込んでいます。この法案を今の国会で成立させるべきだと思いますか」とする質問に，60％の者が，「その必要はない」と回答している（「今の国会で成立させるべきだ」：19％）。もっとも，『朝日新聞』の場合，「安倍内閣を支持しますか」との問いに，44％の者が「支持しない」を選択し，「支持する」とした者が36％しかいないことから，働き方改革関連法案への支持もひくめにでてしまうとの批判があるかもしれない[*7]。そこで，安倍内閣の支持率が42％とたかめの『読売新聞』の調査（実施期間：5月18日〜20日）の結果をみてみよう[*8]。「政府が国会に提出している働き方改革関連法案は，収入が高い一部の専門職を，労働時間の規制から外す『脱時間給制度』や，罰則付きの残業規制の導入などが柱です。この法案を，今の国会で成立させるべきだと思いますか」との問いに，「成立させるべきだ」と答えたのは，わずか25％のみで，60％の者は，「そうは思わない」と回答しているのである（「答えない」：15％）[*9]。このように，働き方改革関連法案への反発はかなりつよいといえる。

　では，なぜ，「労働基準法，労働者派遣法など8本の法律の改正案で構成される」[*10]，働き方改革関連法案に対する世論の支持はひくいのであろうか。その理由の1つとして，「実際に働いた時間でなく，あらかじめ決めた『みなし労働時間』を基に残業代込みの賃金を支払う制度」で，「仕事の進め方や時間配分を自分で決められる労働者に限り適用できる」[*11]，裁量労働制をめぐる厚労省のデータの問題をあげることができる。安倍は，1月29日の衆議院予算委員会の席で，「働き方改革関連法案による裁量労働制の対象拡大の意義を説明した際，『厚労省の調査によれば，裁量労働制で働く人の労働時間の長さは，平均的な人で比べれば一般労働者よりも

短いというデータもある』と述べた」ことがあったが,「厚労省の13年度労働時間等総合実態調査のデータには,平均的な労働者の1日の労働時間が23時間を超える事業場が9カ所含まれるなど問題点が次々に浮上」した。そのため,2月14日の同委員会の集中審議で,安倍は「引き続き精査が必要なデータを基に行った私の答弁は撤回するとともに,おわびしたい」との発言をせざるを得ない状況においこまれたのだ[*12]。そうしたなかで,28日の深夜に,安倍は記者団に対して,「裁量労働制に関わるデータについて,国民の皆様が疑念を抱く結果になっている。裁量労働制は全面削除するよう指示した」と語ったのであった[*13]。これによって,「(1)残業時間の上限規制(2)同一労働同一賃金の導入(3)高度プロフェッショナル制度の創設(4)実際の労働時間に関係なく,あらかじめ決めた時間を働いたとみなす裁量労働制の適用拡大─が4本柱だった」[*14],働き方改革関連法案の大きな柱の1つが消失することとなった。もともと,政権側では,裁量労働制のメリットばかりを強調してきていたものの,「裁量労働制は使用者の労働管理が不十分になりやすい。過労死しても長時間働いたという客観的な資料がほとんどなく,責任追及が難しい実態がある」(岡田俊宏・日本労働弁護団事務局長)などの指摘がなされてきたことを忘れてはならない[*15]。

　法案への批判という点でいえば,高度プロフェッショナル制度(高プロ)を問題視する声も多い。高プロは,「専門職で年収の高い人を労働時間の規制の対象から外す新たな仕組み」で,「年収1075万円以上のアナリストなどの専門職が対象」となっている。従来,「労働基準法は法定労働時間を超えて働かせる場合,割増賃金の支払いを義務づけているが,対象となる働き手は残業や深夜・休日労働をしても割増賃金が一切支払われなくなる」というしくみだ[*16]。そのため,「野党は『残業代ゼロ法案』と批判している」わけだ[*17]。こうした批判がある一方で,「経済界は『従業員をより柔軟に働かせられる』として求めてきた制度」こそが高プロであり,「かつての『ホワイトカラー・エグゼンプション』を衣替えした」ものでもあ

■図表8-1　脱時間給(高度プロフェッショナル)制度と裁量労働制の違い

脱時間給制度		裁量労働制
為替ディーラーや研究開発業務に携わる研究者，アナリストなど	対象業務	【専門業務型】研究開発に携わる研究者，弁護士など【企画業務型】会社の重要な経営企画や人事部門
基準年間平均給与額の3倍を「相当程度上回る水準」(年収1075万円以上を想定)	年収要件	なし
規制対象外(年104日，4週間に4日以上の休日確保)	労働時間	あらかじめ労使でみなし労働時間を設定。実際の労働時間は個人の裁量に委ねる
なし	深夜・休日手当	割増賃金を支払う
労働時間ではなく成果に基づいて支払う	賃金	みなし労働時間に応じて支払う

(出所)『読売新聞』2018年4月7日，10面。

る。労働時間規制の緩和を求める経済界の期待を背に，「2007年に第1次安倍政権はホワイトカラー・エグゼンプションとして導入を図った」ものの，「長時間労働を招くとの懸念が強まり，国会提出を断念」しているし，さらに，「15年には，高プロの新設を含む労基法改正案が国会提出されたが野党が反対」した結果，「2年以上審議されず廃案になった」過去がある[18]。なお，第1次安倍政権時のホワイトカラー・エグゼンプションをめぐる「厚生労働省案は労働者保護のため年104日の休日を設け，年収900万円以上の人に限るとしていた」[19]。

「働き方改革」の問題点

これらの論点以外に，働き方改革関連法案への世論の支持がひくい原因はどこにあるのか。このことを探るため，安倍の国会での発言に注目しよう。安倍が国会の場で，はじめて働き方改革ということばを口にしたのは，

2019 Spring NEWS

おかげさまで創業123年
同文舘出版

A5判並製・266頁

【鼎談】不正 ― 最前線
～これまでの不正、これからの不正～

八田進二・堀江正之・藤沼亜起

「不正は起きるものである」
わが国を代表する企業の不正事件が立て続けに発生している。なぜ企業不正はなくならないのか？内部統制・ＥＲＭ・監査との関係を踏まえ、不正およびガバナンスの専門家が熱く語る。

発行日	2019年2月15日	価格	1900円 + 税

バックキャスト思考と SDGs/ESG投資

北川哲雄 編著

企業はステークホルダーとどうコミュニケーションを図るべきか？バックキャスト思考に基づいたイノベーションの予兆を感じさせる情報開示、そして投資家の視点について多面的に検討する！

発行日	2019年2月28日	価格	2600円 + 税

A5判並製・268頁

http://www.dobunkan.co.jp/

〒101-0051 東京都千代田区神田神保町1-41
TEL 03-3294-1801 / FAX 03-3294-1807

好評既刊書

近代日本鉄道会計史
―国有鉄道を中心として―

中村将人 著

日本では明治維新後、西洋式会計システムが導入された。明治期の日本の鉄道会計を通して、戦前期の日本に伝播した「複会計システム」と固定資産会計の展開について検証する。

| 発行日 | 2019年1月25日 | 価格 | 3700円＋税 | 判型 | A5判上製・274頁 |

よくわかる
システム監査の実務解説 (第3版)

島田裕次 著

付加価値の高いシステム監査を目指して、テーマ監査や、システムのライフサイクルのフェーズごとのポイントを解説！改訂システム監査基準やAIのシステム監査も踏まえて改訂！

| 発行日 | 2019年1月25日 | 価格 | 2500円＋税 | 判型 | A5判並製・244頁 |

ビジネス会計
検定試験対策問題集2級 (第5版)

ビジネスアカウンティング研究会 編

財務諸表に関する知識や分析力をはかることを目的に開発された検定試験用の対策問題集。繰り返し問題を解き解説を読むことで、試験対策というだけでなく実務に役立つ会計力が身につく！

| 発行日 | 2019年2月1日 | 価格 | 2000円＋税 | 判型 | A5判並製・224頁 |

好評既刊書

簿記が基礎からわかる本（第3版）
── 中級レベルまで ──

清村英之 著

基礎から応用（日商簿記検定2級レベル）まで、段階的に学びたい人のために、豊富な練習問題とともに、わかりやすく、コンパクトに解説。検定試験の出題範囲の改定に対応！

| 発行日 | 2019年1月10日 | 価格 | 2300円 + 税 | 判型 | A5判並製・250頁 |

サービス社会のマネジメント

村松潤一・山口隆久 編著

工業社会からサービス社会へ転換が進みつつある今日において、サービス社会、企業、マーケティング、経営とは何かについて明らかにし、モノを中心とした「理論」に対する問題を提起する。

| 発行日 | 2018年12月25日 | 価格 | 2600円 + 税 | 判型 | A5判並製・268頁 |

マーケティング学説史
── アメリカ編 II ──

マーケティング史学会 編

バーテルズ、コンヴァース、マッカーシー、パラマウンテン、バックリン、ベックマン、ナイストロム、マクネア、ホランダ、ホイト、チェリントン、ボーデンの 12 人のマーケティング学説を解説する。

| 発行日 | 2019年2月28日 | 価格 | 2900円 + 税 | 判型 | A5判上製・270頁 |

DOBUNKAN NEWS ── Spring 2019 (No.003)

好評既刊書

国際分業のメカニズム
―本田技研工業・二輪事業の事例―

横井克典 著

ホンダの二輪事業が最適を目指し形成した企業内国際生産分業を事例に、国際分業の長期的形成プロセスを描き、それを支える強力な資源配置の調整メカニズムを具体的・実証的に解明！

| 発行日 | 2018年11月29日 | 価格 | 3200円＋税 | 判型 | A5判上製・256頁 |

転機にたつフィンランド福祉国家
―高齢者福祉の変化と地方財政調整制度の改革―

横山純一 著

1990年代から今日までのフィンランドの経済・財政・税制・高齢者福祉の変容を、国庫支出金の分析を通じて、転機にたつ福祉国家・フィンランドについて明らかにする。

| 発行日 | 2019年1月30日 | 価格 | 2900円＋税 | 判型 | A5判並製・224頁 |

スポーツの未来を考える③
スポーツの可能性とインテグリティ
―高潔なスポーツによる豊かな社会を目指して―

EY新日本有限責任監査法人 編

世界に誇れるスポーツ文化を築くために共有すべき価値観とは何か？スポーツの現場を知る識者たちによる熱い対談を通じて考える。スポーツに関わるすべての人びとのための必読書！

| 発行日 | 2018年12月15日 | 価格 | 1800円＋税 | 判型 | A5判並製・176頁 |

DOBUNKAN NEWS —— Spring 2019 (No.003)

2014年10月3日のことである。安倍は,「日本では,ともすれば,長い間働いて,残業をどんどんすることを成果として自慢するような風潮があったわけでありますが,これを思い切って変えていく必要があると思います。長時間労働の抑制を初めとした働き方改革や多様で柔軟な働き方を推進し,ワーク・ライフ・バランスの実現に取り組んで,仕事でも家庭生活でも充実感を得られる社会を実現していきたい,そのことによって人生はもっともっと豊かになっていくのではないか,このように思います」と述べたのであった[20]。この安倍のことばを聞くかぎり,働き方改革によって,充実した生活が待ち受けていると感じても不思議ではないであろう。

しかしながら,べつの機会に,安倍は,「総合戦略では,雇用対策の推進による若者の経済的安定,結婚,妊娠,出産の切れ目のない支援,働き方改革によるワーク・ライフ・バランスの実現等に客観的な指標を設定して取り組むこととしております。あらゆる施策を総動員して人口減少の克服に取り組んでまいります」との決意も披露している[21]。この発言をみると,安倍の考える働き方改革は,「人口減少の克服」にとりくむための手段でしかないように思えてならない。さらに,安倍の「希望出生率一・八という目標を達成するためにも,働き方改革の実行は不可欠であります。その重要な柱が同一労働同一賃金であり,我が国の労働者の四割を占める非正規雇用で働く方の待遇改善は急務であります」との答弁からも,希望出生率1.8を実現するための働き方改革でしかないとの批判はぬぐえない[22]。

また,安倍は,「働き方改革によって女性や高齢者のチャンスを広げていく。北海道から沖縄まで,地方創生を本格化させていきます」と述べたことがあるが,その直後に,「あらゆる政策を総動員することによって,潜在成長率を押し上げ,GDP六百兆円を実現していきたい,こう考えています」との思いを吐露している[23]。ここからも,女性や高齢者の活躍を経済発展のための手段としてのみとらえているむきが読みとれる[24]。こうした見方を補強するかのように,「一億総活躍社会実現に向けた最大

のチャレンジである働き方改革を断行します。長時間労働を是正し，労働生産性を向上させるとともに，女性，高齢者が活躍しやすい環境を創出し，労働供給の更なる増加を図ります」とも安倍は語っているのだ[*25]。要するに，安倍がくしくも明言しているように，「働き方改革こそが労働生産性を改善するための最良の手段である」し，「働き方改革は，社会問題であるだけではなくて，経済問題」なのである[*26]。ここからは，働き方改革関連法案の主眼が，非正規雇用をなくしたり，格差を解消したりすることにあるのではないということが明らかとなろう[*27]。したがって，安倍の「働くことで命が脅かされたり健康が損なわれるようなことがあってはならないと思います。働く方々の安全と健康の確保は，一億総活躍社会の実現や働き方改革の大前提であると考えております」とすることばも，ただむなしく響くだけである[*28]。

　ちなみに，安倍は，2016年2月29日に，「これからの三年間は，働き方改革にまさに私が先頭に立って取り組んでいきたい，このように考えております」と断じたが，2019年3月1日以降，働き方改革は軽視されていくことになるのであろうか[*29]。また，安倍は，かつて，「一億総活躍の未来を切り開いていく，その最大の鍵は働き方改革であります。ポイントは，働く方により良い将来の展望を持っていただくことです」と断じていたが，はたして，われわれは，働き方改革関連法案に，そのような可能性を感じとることができるのであろうか[*30]。

　厚労省のホームページには，「『働き方改革』の目指すもの」として，「『働き方改革』は，この課題の解決のため，働く方の置かれた個々の事情に応じ，多様な働き方を選択できる社会を実現し，働く方一人ひとりがより良い将来の展望を持てるようにすることを目指しています」とあり，解決すべき課題として，「我が国は，『少子高齢化に伴う生産年齢人口の減少』『育児や介護との両立など，働く方のニーズの多様化』などの状況に直面しています」「こうした中，投資やイノベーションによる生産性向上とともに，就業機会の拡大や意欲・能力を存分に発揮できる環境を作ることが重要な

課題になっています」の2点があげられている[*31]。今後、同省のホームページを閲覧する場合、これまでの安倍の国会での発言を頭に浮かべることが必要であろう。

　もちろん、『厚生労働白書』も指摘しているように、「年間総実労働時間は、減少傾向にあり、近年では1,700時間台半ばの水準となっているが、いわゆる正社員等については2,000時間前後で推移している。また、週の労働時間が60時間以上の労働者割合も、特に30歳代男性で15.1％に上っており、これらの長時間労働の問題への対応が求められている」し、「近年、有期契約労働者やパートタイム労働者、派遣労働者といった非正規雇用労働者は全体として増加傾向にあり、2016（平成28）年には2,023万人と、雇用者全体の約4割を占める状況にある」ことから[*32]、労働環境を整備していくことは当然である。だからといって、安倍政権が国会に提出した、働き方改革関連法案が労働環境の整備という観点から、適切なものであるのかどうかについては、十分検討すべきであろう。

注

* 1 『毎日新聞』2018年5月22日（夕）、9面。
* 2 浅野一郎・河野久編『新・国会事典』〔第3版〕（有斐閣、2014年）、52頁。
* 3 http://www.shugiin.go.jp/internet/itdb_iinkai.nsf/html/iinkai/iinkai_tokubetu.htm（2018年5月23日）。
* 4 『朝日新聞』2018年5月22日（夕）、2面。
* 5 https://www.kantei.go.jp/jp/headline/ichiokusoukatsuyaku/hatarakikata.html（2018年5月23日）。
* 6 https://www.kantei.go.jp/jp/97_abe/actions/201609/02kunji.html（2018年5月23日）。
* 7 『朝日新聞』2018年5月21日、4面。
* 8 ちなみに、「あなたは、安倍内閣を、支持しますか」との問いに、「支持しない」としたのは、47％で、『読売新聞』の調査においても、安倍内閣の不支持率のほうがたかくはなっている（「その他」：2％、「答えない」：9％）（『読売新聞』2018年5月21日、10面）。
* 9 同上。

*10 『毎日新聞』2018年3月17日（夕），1面。
*11 同上，2018年2月19日（夕），1面。
*12 同上，2018年2月14日（夕），1面。
*13 同上，2018年3月1日，1面。
*14 同上，2018年3月17日（夕），1面。
*15 同上，2018年2月24日，30面。
*16 『朝日新聞』2017年7月12日，1面。
*17 同上，2018年3月12日，26面。
*18 同上，2018年4月7日，1面。
*19 同上，2007年3月22日，3面。ちなみに，「米国では日本のような労働時間規制自体はないが，『公正労働基準法』で週40時間を超えて働かせる場合は，残業代を支払わなければならないとする残業代の規定がある。ここから一部の労働者を適用除外（エグゼンプション）する制度。管理，運営，学識者などで収入が週455ドル以上などの要件を満たす人が対象」となる（同上，2006年6月14日，3面）。
*20 『第百八十七回国会　衆議院予算委員会会議録　第二号』2014年10月3日，21頁。
*21 『第百八十九回国会　参議院会議録　第二号』2015年1月28日，7頁。
*22 『第百九十回国会　参議院予算委員会会議録　第八号』2016年3月3日，8頁。
*23 『第百八十七回国会　衆議院予算委員会議録　第二十二号（閉会中審査）』2015年11月10日，6頁。
*24 安倍はまた，「ニッポン一億総活躍プランでは，働き方改革を重要な柱として打ち出すことを考えており，その中で，非正規労働者の処遇改善，長時間労働の是正と並び，高齢者雇用の促進は大きな課題と位置付けております」とも述べている（『第百九十回国会　参議院会議録　第七号』2016年1月28日，22頁）。
*25 『第百九十二回国会　参議院会議録　第二号』2016年9月28日，4-5頁。
*26 『第百九十二回国会　衆議院会議録　第二号』2016年9月30日，6頁。
*27 安倍のかかげる働き方改革の真の目的については，浅野一弘「『天職』としての公務員―少子高齢社会という"危機"のなかで―」『札幌大学総合論叢』2017年10月号，8-10頁を参照されたい。
*28 『第百九十回国会　参議院予算委員会会議録　第十三号』2016年3月14日，21頁。
*29 『第百九十回国会　衆議院予算委員会議録　第十七号』2016年2月29日，5頁。
*30 『第百九十二回国会　参議院会議録　第三号』2016年9月29日，28頁。
*31 http://www.mhlw.go.jp/stf/seisakunitsuite/bunya/0000148322.html（2018年5月23日）。
*32 厚生労働省編『厚生労働白書―社会保障と経済成長―』〔2017年版〕，204頁および208頁。

第9回 銃規制と利益集団

(2018年6月1日)

　2018年5月18日，米テキサス州サンタフェの高等学校で，銃の乱射事件が発生した。捜査当局は，同校の男子生徒を殺人容疑で逮捕したものの，10人（生徒：9人，教師：1人）の命が奪われてしまった。また，命こそ落とさなかったものの，10人が負傷した。報道によれば，「容疑者は『好きな人は撃たず，狙った人を殺そうとした』と供述しており，標的を選んで銃撃していた可能性」もあるようだ。さらに，事件後に，捜査当局は，「現場周辺や容疑者の自宅で，手製のパイプ爆弾や火炎瓶，圧力鍋を細工した爆弾などを発見」しているし，「容疑者はフェイスブックに『殺すために生まれた』と書かれたTシャツや，ナチス・ドイツのシンボルなどが付いたコートの写真などを投稿していた」とのことだ。しかも，「容疑者はコートの下に散弾銃や拳銃を隠して持ち込んだ」という[*1]。ちなみに，「同級生らは，物静かなビデオゲーム好きだと容疑者を評し，黒のトレンチコートに黒いブーツ姿で登校していたと語った」そうだ[*2]。

　米国のニュース専門局の「CNNテレビによると，米国の学校で起きた発砲事件は今年に入って22件目」とのことである[*3]。次頁の図表9-1にあるように，2月には，フロリダ州パークランドの高校で，自動小銃を乱射した男性が，17人を死亡させるという事件が発生している（14日）。この男性は，同校から退学処分を受けた人物であった。米国の「FOXニュースによると，襲撃現場となった高校は，クルーズ容疑者を『素行問題』で退学処分にして以降，同容疑者が校内に近寄らないよう警戒を強めていた」ようで，このときの「処分を巡って恨みを募らせていた可能性もある」という[*4]。フロリダ州での銃乱射事件を受けて，「銃規制に消極的との批判をかわす狙い」からか，「トランプ米大統領は20日，銃に取り付けて連

■図表9-1　米国での主な銃乱射事件

1999年4月	コロラド州のコロンバイン高校で生徒2人が銃を乱射，13人死亡
2007年4月	バージニア州のバージニア工科大学で学生が銃を乱射，32人死亡
2012年12月	コネティカット州のサンディーフック小学校で男が銃を乱射，26人死亡
2016年6月	フロリダ州オーランドのナイトクラブで男が銃撃，49人死亡
2017年10月	ネバダ州ラスベガスで男がホテルからコンサート会場を銃撃，58人死亡
11月	テキサス州の教会で男が銃を乱射，26人死亡
2018年1月	ケンタッキー州ベントンの高校で男子生徒が銃を乱射，2人死亡
2月	フロリダ州パークランドの高校で元生徒が銃を乱射，17人死亡

(出所)『朝日新聞』2018年5月20日，7面。

射できるように改造する『バンプ・ファイア・ストック』などの部品の販売や所持を禁止するため，現在の銃規制を見直すよう司法省に命じる大統領令に署名した」[*5]。さらに，3月に入って，「全米の中でも銃規制が緩かった」フロリダ州のリック・スコット知事（共和党）は，「銃購入の最低年齢を18歳から21歳に原則，引き上げる銃規制法案に署名し，同法が成立した」（9日）[*6]。もちろん，このような一定程度の前進はあるものの，米国において，全面的な銃規制にまでいたっていないのが実状である。

また，フロリダ州での事件から1カ月目となった14日には，「ニューヨークやワシントンなどでも高校生らが，『Enough is enough（もうたくさんだ）』などと書いたプラカードを掲げて黙とう」するなど，「全米各地で高校生らが銃規制強化を求める抗議活動を繰り広げた」のだ[*7]。こうした動きはさらにひろがり，24日になると，「人気俳優ジョージ・クルーニーさんや元ビートルズのポール・マッカートニーさんら多くの著名人」らをふくめ，「大小合わせて800か所以上で100万人以上が参加」する抗議活動が，展開された[*8]。このような銃規制を求める気運がたかまってきている一方，前出のテキサス州のサンタフェ高校での事件直後に，「腰に拳銃をつけた銃支持派とみられる男性が現場近くのテレビカメラの前で星条

旗をなびかせ，銃支持の姿勢を見せた」ことがあった*9。

　このように，銃の規制をめぐっては，全米でも，賛否両論うずまくなかで，「銃規制に消極的な共和党」においてさえ，銃の購入可能年齢をひきあげることに「理解を示す議員が出始めている」ようであるし，ドナルド・J・トランプ大統領自身も，フロリダ州政府の当局者らとの会合で，「犯罪歴や精神疾患の有無など銃購入時の調査の厳格化を目指す考え」を示すと同時に，「我々は（購入可能）年齢の18歳から21歳への引き上げに取り組む」との決意を披露したという*10。しかし，その後，トランプは，この考えを撤回したのであった*11。ここには，5月4日の「全米ライフル協会（NRA）の年次大会で，修正第2条を『守る』と明言」したトランプの同協会に対する"配慮"をみてとることができよう*12。

映画「ボウリング・フォー・コロンバイン」

　ところで，マイケル・ムーア監督の「ボウリング・フォー・コロンバイン」という，ドキュメンタリー映画がある。この映画は，コロラド州デンバー郊外のリトルトンにある，コロンバイン高校での銃乱射事件（1999年4月20日）をテーマとし，「銃乱射事件をきっかけに，米国でなぜ2億5千万丁もの銃が流通するのか，その謎を追う」ものである*13。「手りゅう弾，パイプ爆弾，プロパンガスのボンベを利用した爆弾など三十個も準備していた」，容疑者の同校の生徒2人は，「(1) 麻薬や脅しをするわけでもなく，どの高校にも大なり小なりいる『高校生マフィア』と大差はない (2) 反権威的な態度を見せることがあったが，成績はよく，利口で，家庭に問題があるといった話もない (3) コンピューターが得意で戦争ゲームに熱中し，『爆弾を作る』といったこともあるが，この種の愛好者は珍しくない (4) 同校は教育レベルも高く，スポーツも盛んだが，二人はスポーツ選手たちを『運動野郎』と軽べつしていた」そうだ*14。しかも，「容疑者の一人が高校を襲撃する直前まで書いていた『日誌』」によれば，「約一年前から事

件を計画し，襲撃日は，アドルフ・ヒトラーの誕生日にちなんで四月二十日に決めていた」という[*15]。じつは，冒頭で紹介した，テキサス州の高校での銃乱射事件の容疑者は，フェイスブックに，「ナチス・ドイツのシンボルなどが付いたコートの写真などを投稿していた」し，「ナチスを想起させる鉄十字のアクセサリーを付けた服の写真が投稿された際には，『鎌と槌（つち）＝反逆』『昇る太陽（ライジングサン）＝カミカゼ戦術』『鉄十字勲章＝勇気』などと書き込まれていた」。同様に，コロンバイン高校での犯人である「生徒２人は『トレンチコート・マフィア』というグループに所属。当時の報道によると，グループは10人程度でナチスを崇拝し，かぎ十字をあしらった黒いＴシャツやトレンチコートをよく着ていたという」のだ。しかも，テキサス州のケースでは，容疑者は，「暑い日もトレンチコートと黒のブーツで登校していた」[*16]。ここからは，２つの事件の共通点をみいだすことができる。

　話を映画にもどそう。「乱射事件を起こした少年が，事件直前にボウリングを楽しんでいたことに由来する」[*17]，「ボウリング・フォー・コロンバイン」のなかで，監督のムーアは，米国で銃規制がすすまない理由として，２つのポイントをあげていたように思えてならない。その１つが，アメリカ合衆国憲法・修正第２条の存在である。同条は，「規律ある民兵は，自由な国家の安全にとって必要であるから，人民が武器を保蔵しまた携帯する権利は，これを侵してはならない」と定めている[*18]。この修正第２条をめぐって，「学説は，大きく二派に分かれている」という。そのうちの「第一の学説は，個人権説（individual's right view）と呼ばれるものであるが，多数の一般人や反銃砲規制論者が主張する見解である。すなわち，銃器を保持する権利は，個人の自衛のための基本権であるというものである。個人権論者は，その論拠を本条に明記されている『武器を保持し，かつ武装する国民の権利』（the right of the people to keep and bear arms）の文言に求めて，本条が保障している権利は，国民の自衛権であると主張している。第二の学説は，州権説（state's right view）と呼ばれ，

多くの学者が主張する見解である。その論拠は『規律ある民兵は，自由国家の安全にとって必要であるから』(a well regulated militia, being necessary to the security of a free state) と明記された条文にある。すなわち，本条が保障している武器を保持する権利は，十分な規律ある民兵に与えられている。民兵を維持している主体は，国家や州である。よって，本条が保障している武装権は，国家や州の武装権であって，個人の武装権ではないという見解である」[*19]。この２つの学説のうち，「個人権説」を唱えることによって，銃の所持を正当化するのである。もっとも，「個人権論は，比較的少数派の弁護士，法学者，法律以外の分野の学者によって支持されてきた」もので，「州権論は，多くの法学者や弁護士が支持するところであり，アメリカ法曹協会もこの立場をとっている」という[*20]。しかしながら，この修正第２条が，銃規制を困難にする一因であることはまちがいない。

　修正第２条があるからか，2017年３月に，ピュー・リサーチ・センターが実施した「世論調査では，銃保有者の74％，非保有者でも35％が，銃を保有する権利は個人の自由に欠かせないものだと答えた」のだ[*21]。だからこそ，「全米各地のショッピングモールやアウトドア店には当たり前のように銃販売コーナーがあり，ガン・ショーと呼ばれる展示即売会も各地で開かれる。インターネット取引，家族の贈与，密売などの違法取引も含めて入手手段は様々」となっているのだ。その結果，「スイスの調査団体『スモール・アームズ・サーベイ』は07年の調査で，米国市民が所有する銃器を２億7000万丁と推定した。人口100人当たり88・8丁にあたる。日本の0・6丁とは比べものにならない」との数字が示されている[*22]。

NRAの政治力

　さらに，銃規制がすすまないもう１つの理由としては，NRA（全米ライフル協会）の存在を指摘しておかなければならない。NRAは，「アメリ

カにおける典型的な圧力団体として知られ，近年の銃器規制への世論の高まりの中で銃器保持の憲法的権利を主張し，銃器規制強化に対する活発な反対運動を展開して，その存在があらためてクローズアップされてきた」団体であり，つぎのような目的をかかげて，活動をおこなっている。その目的とは，「①アメリカ憲法，とくに第二修正の武器を保持し，携帯する個人の権利を擁護すること。②公共の安全，法と秩序，および国の防衛における集団的利益を促進すること。③狩猟者の安全と適正な野生生物管理を促進すること」である[*23]。

「会員400万人超」のNRAが大きな力を有するのは[*24]，その資金力が背景にある。ニューヨーク在住のジャーナリストのレポートによると，「銃規制を訴えるとNRAが対立候補に献金し，落選することを恐れる議員も多い。米シンクタンク『国民の声に応える政治のためのセンター』によると，NRAなどの擁護派は13年，前年の2・5倍に当たる約1520万ドル（約15億4000万円）をロビー活動に投じた。規制派は，約220万ドル（約2億2000万円）。前年の11倍まで増額したが，擁護派には及ぶべくもない」とのことだ[*25]。また，「米国の政治資金監視団体『センター・フォー・レスポンシブ・ポリティクス』によると，連邦議会の上下両院議員535人中，NRAの献金を受ける議員は307人に上り，うち8人は総額が100万ドル（約1億円）を超える」という[*26]。

大統領選挙においても，NRAは潤沢な資金力によって，自分たちの主張をとおそうとする。たとえば，「2016年大統領選ではトランプ陣営支援に3000万ドル（約31億円）を投じる」かたちとなった[*27]。そのためであろうか，フロリダ州での銃乱射事件後の対応とは打って変わって，2018年5月4日，「南部テキサス州ダラスで開かれた全米ライフル協会（NRA）の年次総会に出席した」トランプは，「国民が武器を所有する権利を守る考えを強調し，銃規制の強化には消極的な姿勢を示した」そうだ。また，トランプは，「銃所有の権利を保障する合衆国憲法修正第2条について，『私が大統領である限り，危機にさらすことはない』と述べ，11月の中間選挙

で共和党への支持を求めた」という*28。

こうしたNRAの政治力が十分認識されていることもあって、イギリスの「調査会社ユーガブなどが実施した世論調査で銃規制強化は『可能』と答えた米国民は2月のフロリダ事件後に過去最高の50％」を記録していたものの、翌月の調査では、「44％に下降した」のだ*29。

では、どうして、NRAのような団体が政治家に圧力を行使することができるのであろうか。それは、アメリカ合衆国憲法・修正第1条の規定——「連邦議会は、国教の樹立を規定し、もしくは信教上の自由な行為を禁止する法律、また言論および出版の自由を制限し、または人民の平穏に集会をし、また苦痛事の救済に関し政府に対して請願をする権利を侵す法律を制定することはできない」——によって、結社の自由と同時に、請願権も認められているからだ*30。この請願権にもとづき、NRAをはじめとする利益集団は、政治家に対して、圧力をかける。「一般に、利益集団は行政府に働きかける傾向が強い」ものの、米国の場合、利益集団は、「議会への働きかけに重点を置いている」のが特色だ。このことは、米国において、「三権分立が忠実に守られているため」であって、「法の制定や予算の決定には今日でも議会が決定的な役割を果たしているから」といえる。それゆえ、「立法府への働きかけは利益集団の圧力活動の重要な部分になっている」のだ。なお、「議会に直接働きかけて立法を促す活動は、ロビイング（lobbying）と呼ばれており、ロビイングの専門家はロビイスト（lobbyist）と呼ばれている」*31。なお、ロビイストの語源は、「利益追求グループとか、その代理人または代弁者、あるいは、そのような影響を意図する個人と議員が、面接・面談するためのロビイが議会に設けられ、ここで議員との面会や工作が行われた事に端を発している」とのことだ。その数は多く、「今日、アメリカのロビイスト人口は、二〇万人とも三〇万人ともいわれている」*32。先述したように、請願権にもとづいてロビイングはおこなわれているが、「ロビイングという言葉とその活動が、アメリカ市民の間ですら、一般的に良いイメージを持たれていないのは事実」のようだ。ある連邦議

会議員は,「一般市民がロビイングに対してもつイメージを『ちょうど"政治家"を"政治屋"と考えるようなものだ』と説明している」という。そもそも,1787年5月に起草され,翌1788年6月に発効した,「オリジナルの合衆国憲法には,ロビイングの権利に関する条項はない」ものの,「独立後,アメリカ政府に対する合衆国国民のロビイングが多く行われたことが,ジェームス・マディソンによって『フェデラリスト（No. 一〇）』の中に描かれている」のだ[*33]。ちなみに,「一七八七‐八八年という特定の年代」にあらわされた,「『ザ・フェデラリスト』」は,思想家によってではなく政治家によって,書斎の中ではなく現実政治の修羅場で執筆され,当初は一冊の書籍としてではなく新聞紙上のいわばコラムとして連載されていった」ものであり,「アメリカ政治思想史上の古典の一つとされる」ものである[*34]。要するに,米国の歴史は,ロビイングの歴史そのものといっても過言ではないのである。

　また,米国の利益集団の特色としては,「公共問題に関する集団の数が多く活発なこと」をあげることができよう。「環境保護,消費者保護,女性運動,マイノリティ・人権擁護などの団体活動がきわめて活発である」なかで,たとえば,「環境保護では,シエラクラブが弁護士やロビイストを抱えるとともに約70万人のメンバーを擁する強力な団体であり,地球温暖化防止運動で知られている」[*35]。くわえて,「シングル・イッシュウのみを専門に活動する団体」もあり,「『全米銃所持禁止機構』（NCBH）,『全米妊娠中絶権保護同盟』（NARAL）,『全米生命尊厳委員会』（NRLC―中絶反対の立場をとる）,『飲酒運転に反対する母親』（MADD）などがその代表例」といえよう[*36]。

注

- *1　『毎日新聞』2018年5月20日,30面。
- *2　同上,2018年5月19日（夕）,1面。
- *3　同上,9面。

*4 『読売新聞』2018年2月16日，7面。
*5 同上，2018年2月22日，7面。「バンプ・ファイア・ストック」は，2017年10月の「58人が犠牲となったラスベガスでの銃乱射事件で使われ，政府内で禁止に向けた検討が続けられていた」ものである（同上）。
*6 『朝日新聞』2018年3月11日，5面。
*7 『読売新聞』2018年3月15日（夕），3面。
*8 同上，2018年3月26日，1面。
*9 『毎日新聞』2018年5月19日（夕），9面。この事実からもわかるように，「テキサス州は銃規制が緩く，規制反対の意見も根強い」のだ（同上）。
*10 『読売新聞』2018年2月24日，6面。
*11 同上，2018年5月19日（夕），13面。
*12 『毎日新聞』2018年5月19日（夕），9面。
*13 『アエラ』2003年1月13日号，74頁。
*14 『朝日新聞』1999年4月23日，8面。
*15 同上，1999年4月26日（夕），18面。
*16 同上，2018年5月20日，7面。
*17 『読売新聞』2003年2月25日（夕），20面。
*18 アメリカ合衆国憲法の訳文は，斎藤眞「アメリカ合衆国憲法」宮沢俊義編『世界憲法集』〔第四版〕（岩波書店，1983年），51頁を引用している。

なお，条文のなかにある「民兵」である「ミリシアは，特定の臨時的な警察・軍事目的のために，市民を訓練して組織した軍隊であり，常備軍（standing army）とは区別されている。1903年に連邦議会は，ナショナル・ガード（national guard）の制度を設け，1916年にはナショナル・ガードに対する規制を強化し，合衆国正規軍の予備軍とした」ものである（鈴木康彦『アメリカにおける銃保持・携帯権限』〔冬至書房，2003年〕，9頁）。
*19 阿部竹松『アメリカ憲法』〔第3版〕（成文堂，2013年），536頁。
*20 鈴木，前掲書『アメリカにおける銃保持・携帯権限』，9-10頁および12頁。
*21 『毎日新聞』2018年2月16日，2面。
*22 『読売新聞』2018年4月17日，8面。
*23 内田満『変貌するアメリカ圧力政治』（三嶺書房，1995年），71頁。
*24 『読売新聞』2018年4月17日，8面。
*25 肥田美佐子「N.Y.―前市長が巨費を投じ銃規制運動に本腰―」『エコノミスト』2014年5月13日号，74頁。
*26 『読売新聞』2018年4月17日，8面。
*27 『毎日新聞』2018年3月26日，2面。ちなみに，『読売新聞』によれば，2016年

大統領選挙時のNRAのトランプ陣営への献金額は，1140万ドル（約12億円）であったそうだ。同時に，NRAは，「対立候補のヒラリー・クリントン氏への批判キャンペーンにも1970万ドル（約21億円）を費やした」ようで，米国の大統領選挙において，ネガティブ・キャンペーンがいかに重視されているかがわかる（『読売新聞』2018年5月6日，7面）。

＊28　『読売新聞』2018年5月6日，7面。
＊29　『毎日新聞』2018年3月26日，2面。
＊30　斎藤，前掲訳「アメリカ合衆国憲法」宮沢編，前掲書『世界憲法集』〔第四版〕，51頁。

　　もっとも，「修正第1条は結社について明記してはいないが，結社の自由が修正第1条による保護を受けうることに，今日疑問の余地はない」とされる（松井茂記『アメリカ憲法入門』〔第6版〕〔有斐閣，2008年〕，229頁）。

　　また，「事実上，請願権が集会や結社の自由権に包含されているかのように処理してきた」，「連邦最高裁判所は，本条項に規定されている他の自由権と比較して請願権には余り関心を示してきていない」との指摘があることを付言しておこう（阿部，前掲書『アメリカ憲法』〔第3版〕，528頁）。

＊31　阿部齊「連邦の法はいかにして作られるか―連邦議会と利益集団―」五十嵐武士・古矢旬・松本礼二編『アメリカの社会と政治』（有斐閣，1995年），64頁。
＊32　高橋正武『ロビイング』（社会思想社，1987年），28頁および75頁。
＊33　山田正喜子『ロビイング―米国議会のパワーポリティクス―』（日本経済新聞社，1982年），9頁および22頁。
＊34　齋藤眞「はしがき」アレグザンダ・ハミルトン＝ジョン・ジェイ＝ジェイムズ・マディソン著，齋藤眞・武則忠見訳『ザ・フェデラリスト』〔新装版〕（福村出版，1998年），ⅰ頁。
＊35　森脇俊雅「政党と利益団体」久保文明・砂田一郎・松岡泰・森脇俊雅『アメリカ政治』〔第3版〕（有斐閣，2017年），87頁。
＊36　鈴木康彦『アメリカの政治と社会』（国際書院，1999年），142頁。

第10回 文化というパワー

（2018年6月8日）

是枝監督作，カンヌ最高賞 「万引き家族」 邦画21年ぶり[*1]

　これは，2018年5月21日の『朝日新聞』朝刊の1面をかざった見出しである。第71回カンヌ国際映画祭において，最高賞のパルムドールを受賞したこの映画が，6月8日から日本で公開される。映画には，「リリー・フランキーさん，安藤サクラさんが夫婦役で，樹木希林さんが祖母役で出演している」[*2]。さらに，「万引き家族」は，「社会の繁栄から取り残された6人の"家族"が主人公」で，「祖母の年金と父子の万引きで生計を立てる貧しさだが，家族仲は良く，笑いが絶えない。しかし彼らは重大な秘密を抱えており，ある出来事をきっかけに，家族が解体していく」というものだ。「経済的にかなり追い込まれた状況で，万引きや年金を不正に受給することでかろうじて生活を成り立たせている家族。その中で，血縁を超えた関係を描いたらどうだろうか」と考え，脚本を書きおろした是枝裕和監督は，「報道だけでは伝わらない，彼らが感じている喜怒哀楽を豊かに描きたいと思った」と語っているそうだ[*3]。受賞理由について，「審査員長のケイト・ブランシェットさんは『「万引き家族」は演技，監督，撮影など総合的に素晴らしかった』」と述べている。ちなみに，「是枝監督の作品は，これまでカンヌ映画祭に計6回出品され，2004年の『誰も知らない』で主演の柳楽優弥さんが男優賞，13年の『そして父になる』は審査員賞を受賞した。今回，7回目の出品で初の栄冠を手にした」というわけだ[*4]。

　このカンヌ国際映画祭は，「国際映画祭の最高峰」とされ，「ベネチア，ベルリンと合わせて3大国際映画祭と称される」もので，「過去には『第

三の男』『甘い生活』『地獄の黙示録』など歴史に残る数々の名作が最高賞を得ている」ことでも有名である。また，同映画祭で日本映画が最高賞を獲得するのは，1954年の「地獄門」，1980年の「影武者」，1983年の「楢山節考」，1997年の「うなぎ」につづいて，5作目という。**図表10-1**をみると，イタリアで開催されるベネチア国際映画祭では，黒澤明監督の「羅生門」(1951年)，稲垣浩監督の「無法松の一生」(1958年)，北野武監督の「HANA-BI」(1997年) が金獅子賞にかがやいているし，ドイツのベルリン国際映画祭では，「武士道残酷物語」と「千と千尋の神隠し」が金熊賞を獲得している[*5]。ちなみに，ベネチア国際映画祭は，「世界でもっとも古い歴史をもつ」とされるが，もともとは，「ムッソリーニ政権下の1932年に〈国威宣揚〉の目的」から誕生したということだ[*6]。

　周知のように，ベネチア国際映画祭とカンヌ国際映画祭での受賞歴を有する黒澤明は，「世界の映画人にも影響を与え続け，ジョージ・ルーカスやスティーブン・スピルバーグらが過去の黒沢作品からヒントを得て，自

■**図表10-1　世界３大映画祭で最高賞の日本作品**

※（　）は監督名

カンヌ映画祭	
1954年	地獄門（衣笠貞之助）
80年	影武者（黒澤明）
83年	楢山節考（今村昌平）
97年	うなぎ（今村昌平）
2018年	万引き家族（是枝裕和）
ベネチア映画祭	
1951年	羅生門（黒澤明）
58年	無法松の一生（稲垣浩）
97年	HANA-BI（北野武）
ベルリン映画祭	
1963年	武士道残酷物語（今井正）
2002年	千と千尋の神隠し（宮崎駿）

（出所）『朝日新聞』2018年5月21日，1面。

身の作品のキャラクターやシーンに取り入れている」ほどである[*7]。また，「『パリ，テキサス』(1984年)『ベルリン・天使の詩』(87年)などの詩情あふれる作品で，世界的な名声を得たドイツの映画監督」のビム・ベンダースは，「東京物語」で知られる「小津(安二郎)が私の師匠」とまで明言している[*8]。世界3大映画祭での最高賞は獲得していないものの，小津安二郎が，世界の多くの映画監督に影響をおよぼしていることもまた事実である。このように，日本映画は外国においても，一定の影響力を有しているといえよう。

日本のアニメとアイドル

おなじことが，アニメについてもいえる。「今世紀に入って十年経たないうちに，『アニメ』，『マンガ』，『オタク』という単語はアメリカのメディアで一般的に使われるようになり，括弧内で意味を説明する必要がなくなった」という。しかも，「現在，アメリカでは毎週のようにアニメ・コンベンションが開催されている。書店，ビデオ店，DVD店では，チェーン店か独立店かを問わず，日本から輸入した製品に貴重な売り場面積をあてており，その面積は増える一方である。公立図書館や学校図書館の棚にはアニメのDVDやマンガ本が並ぶようになった」そうだ[*9]。

それでは，どうして，外国において，アニメがこれほどまでに人気を博すのであろうか。アニメーション史研究家の津堅信之によれば，「アニメが海外に広まり，さまざまな形で(功罪を含めて)理解されるようになったのは，インターネット，それもいわゆる海賊版の『役割』が大きかった」ようだ[*10]。こうした外部環境的な要因にくわえて，テキサス大学教授のスーザン・J・ネイピアは，「アニメは世界中の観客を娯楽としてのレベルで楽しませるが，もう一つ重要なのはそのレベルを越える感動と刺激を与えられる点である」とし，「従来の芸術形態では表現しえなかった手法で，現代社会に存在する問題について人々に熟考させる」としている。さらに，

「まさに誰もが楽しめるという手軽さから，より幅広い層に影響を与えることが可能なのである。ある種の近寄りがたさを感じさせるハイカルチャーは，当然，アニメの影響力にはかなわない。要するに，アニメは社会学的にも芸術的にも，一つの特殊な文化的形態としてまじめに取り扱われるべきだと断言してよい」とまで語っている*11。

　歌謡界に目を転じても，アイドルグループの「SMAPが年内限りで解散することが発表された」ことを報じる新聞記事において，「SMAP人気の高い台湾でも『ファンの心は張り裂けそうだ』などと解散を惜しむ見出しが相次いだ」と，台湾におけるSMAP人気のたかさが紹介されていた*12。また，若年層に人気の「アイドルグループAKB48の『選抜メンバー』をファンによる投票で選ぶ年に1度の『選抜総選挙』」が毎年実施されているが，10回目の節目となる2018年6月16日の「第10回AKB48世界選抜総選挙」には，「JKT48（インドネシア・ジャカルタ），BNK48（タイ・バンコク），TPE48（台湾・台北）の外国人メンバーも立候補できる」との報道がなされた*13。海外に姉妹グループが発足しているということからも，AKB48は国境を越え，インドネシア，タイ，台湾でも受け入れられているといえよう。

　こうした状況をふまえたうえで，突然であるが，ここで，パワーということばについて考えてみたい。じつは，「国際政治の文脈ではパワーは国力だが，power politicsは権力政治，separation of powersは権力分立，balance of powerは勢力均衡，power transitionは（覇権の移動という意味で）勢力交代，distribution of powerは勢力分布，great powerは大国あるいは列強，war powerは戦争権限と訳される」ように，「パワーにはさまざまなとらえにくい要素が含まれているため，その訳語も文脈によってさまざまなものがあてられている」のだ*14。周知のように，「権力は，政治学の基本的な観念である」ことはまちがいないが，それは，「政治は，権力の獲得・配分・行使の過程をいうからである」。また，「権力は，自然界に働く物理力や，人間の自然に向けてなされる支配力とは異なって，対

象となる他の人間の存在が前提される」点が特徴である[*15]。国際政治学者の田所昌幸も，「パワー（power）は政治学，とりわけリアリストの国際政治論の最も基本的な概念の一つだが，その内容は多様でさまざまな複雑な問題を孕んでいる。一般にはパワーという言葉で意味するのは，ある主体が他の主体に影響を与える可能性のことを指している。おおざっぱに言えば，自分の好むように相手に行動をさせるか，あるいは行動を思い止まらせるかする能力のことである」としている[*16]。

このように，政治学が対象とする「パワーというのはいつも捉えにくい概念である。今日では，パワーは以前よりもはるかに捉えにくくなっている」。かつては，「軍事力が他の力に圧倒的な影響を与え，最も大きな軍事力を持つ国家が国際政治を支配するというのが伝統的な見方であった。しかしパワーを生み出す源泉は，以前よりも複雑になっている」のが実状だ[*17]。そうした社会において，あらたなパワーの概念を提示したのが，ジョセフ・S・ナイである。ハーバード大学教授の職にあったナイは，「政治指導者や哲学者たちは，力とは，取り上げるべき問題を選び，論議の枠組みを決めることの所産であることを，長い間に会得した。相手の選択を不動のものとする能力は，文化とかイデオロギー，制度といった目に見えにくい力の源泉と結びつくことがよくある。これは，軍事力とか経済力のような，明白な力の源泉とよく結びつくハード・パワーの対照をなすものとして，ソフト・パワーとでも言えよう」と論じた[*18]。

日本のもつパワー

では，「今日，最も重要なパワー資源は何か？　主権国家誕生からの過去5世紀の流れを検討してみると，異なる時期には異なるパワー資源が重要な役割を果たしてきたことがわかる。パワー資源は，決して静態的なものではなく，今日の世界でもつねに変化しているのである」。とりわけ，「民主主義的な情報化時代のポスト工業化社会の間での関係では，ソフトパワ

ーがより重要になりつつある」のだ[*19]。ナイ自身,「我々はハード・パワーについてしきりに話題にする一方,魅力というものが,きわめて強力な手段であることを忘れがちです。ですが,魅力というソフト・パワーをなおざりにすることは間違っています」と断言している[*20]。さらに,ナイは,「個人の生活でも,賢明な親なら知っているように,子供たちに正しい価値観と信念を植えつける方法をとれば,折檻したり,お小遣いを減らしたり,車のキーを取り上げたりする方法に頼るより,親の力が強くなり,影響力が長く続く」のであって,「ソフト・パワーは,人びとの好みを形作れるように課題を設定する能力に基づいている」とも語っている[*21]。

しかしながら,「ソフト・パワーは,その意義と有効性を十分に認識している国や主体に対しては大きな効果を発揮する可能性があるが,そうした認識の薄い国や主体に対しては,働きにくいという性質を持つ」とし,とりわけ,「北東アジア地域において,北朝鮮,中国,ロシアという,軍事力の役割を日米欧よりははるかに古典的に理解しているとみられる核兵器保有国」にとっては,「ソフト・パワーの効果には限界があるとみなければならない」との警鐘を鳴らす提言・報告書もある[*22]。

このような声はあるものの,映画やアニメ,歌謡曲などの分野で,世界の多くのファンのこころをつかんでいる日本が,ソフト・パワーに比重をおくという方策を選択するのは賢明なことではなかろうか(次頁の**図表10－2**参照)。筆者は2008年度に,米国のマサチューセッツ州ボストンに滞在していたが,筆者が日本人と知るや,老若男女を問わず,「ポケモン!」とさけんでいたのを記憶している。このように,ソフト・パワーを駆使することで,日本のシンパをふやしていくことが可能である。その意味で,「日本でソフトパワーが語られる際には,特定のターゲットに働きかけ,そこから明確な成果を得ようとする意志の作用が非常に希薄である」という意見があるものの[*23],「関係府省連携のもと『日本の魅力』を海外に発信」する"クールジャパン"の発想は,外交政策の一策として,けっしてまちがってはいないように思える[*24]。

■図表10-2　クールジャパンの歩み

1960年代	「鉄腕アトム」「マッハGoGoGo」が米国で放送され人気に（「マッハ」は2008年にハリウッドが実写映画化）
70年代	「UFOロボ　グレンダイザー」「キャンディ・キャンディ」がフランスはじめヨーロッパで人気に
80年代	「ドラえもん」アジア・欧州で人気に
	「DRAGON BALL（ドラゴンボール）」世界的ヒット
90年代	「美少女戦士セーラームーン」世界的ヒット
96年	「GHOST IN THE SHELL／攻殻機動隊」が米ビルボード誌ビデオチャートで1位に
99年	「ポケットモンスター　ミュウツーの逆襲」が邦画初の週間興行収入全米1位に
2002年	「千と千尋の神隠し」がベルリン国際映画祭で金熊賞（世界3大映画祭で最高賞を得た初のアニメに）
	アメリカで「SHONEN JUMP」創刊
03年	「千と千尋の神隠し」が米アカデミー賞長編アニメ賞
06年	ナルト，ニューズウィーク日本版の「世界が尊敬する日本人100」に選出
09年	スイスのロカルノ国際映画祭で大規模な日本アニメ特集「マンガインパクト」開催
10年	集英社がトルコ・イスタンブールでマンガ展「ディスカバー・マンガ　少年ジャンプの世界」開催

（出所）『朝日新聞』2014年11月11日，30面。

　もっとも，こうした筆者の見解について，「たしかに日本のアニメのファンは，外国においても多い。ただし，気になるのは，人気があることとあこがれを感じることは同じかどうかである。重なる部分も当然あろうが，アニメ人気から，このようなアニメ文化を生む日本の社会および社会のあり方に，憧憬を感じさせることができるならば，おそらく，ソフト・パワーといえるだろう。しかし，アニメ文化を生む日本社会への憧憬がないときは，ソフト・パワーとよべるかどうか，あやしいのではないだろうか」との指摘があることも無視できない[*25]。とはいえ，今後，日本が外交政策を立案していくにあたって，縦割り行政を排し，ソフト・パワーを巧妙

に活用していくべきであろう。それゆえ,「アメリカの外交専門誌『フォーリン・ポリシー』の二〇〇二年六月号に掲載された"日本のグロス・ナショナル・クール（Japan's Gross National Cool）"という論文」の執筆者であるダグラス・マグレイが,「食文化,アニメ,音楽,ファッション,建築,さらに現代アートなども含めて,新しい日本の魅力を世界が発見しつつあること」に着目し,「『現代の国力を見るときに,GNP（国民総生産）やGDP（国内総生産）といった,従来の経済指標では尺度になり得ない。一国のもつクールさ（かっこよさ）で計る必要がある』として『GNC（グロス・ナショナル・クール）』という概念を提唱した」ことの意味をかみしめる必要があろう[*26]。

注

- *1 『朝日新聞』2018年5月21日, 1面。
- *2 『毎日新聞』2018年5月21日, 1面。
- *3 『朝日新聞』2018年5月21日, 1面。
- *4 『毎日新聞』2018年5月21日, 1面。
- *5 『朝日新聞』2018年5月21日, 1面。
- *6 広岡勉「映画祭」『世界大百科事典 3』〔改訂新版〕（平凡社, 2007年）, 444頁。
- *7 『毎日新聞』〔大阪版〕2012年5月21日, 14面。
- *8 同上, 1997年12月13日（夕）, 7面。
- *9 ローランド・ケルツ著, 永田医訳『ジャパナメリカ―日本発ポップカルチャー革命―』（ランダムハウス講談社, 2007年）, 101頁。
- *10 津堅信之『日本のアニメは何がすごいのか』（祥伝社, 2014年）, 169頁。
- *11 スーザン・J・ネイピア著, 神山京子訳『現代日本のアニメ―「AKIRA」から「千と千尋の神隠し」まで―』（中央公論新社, 2002年）, 18頁。
- *12 『読売新聞』2016年8月15日, 30面。
- *13 『朝日新聞』2018年3月31日（夕）, 4面。
- *14 田所昌幸「国際政治学の見取り図」中西寛・石田淳・田所昌幸『国際政治学』（有斐閣, 2013年）, 17頁。
- *15 「権力」辻清明編『岩波小辞典―政治―』〔第3版〕（岩波書店, 1975年）, 61頁。
- *16 田所, 前掲論文「国際政治学の見取り図」中西・石田・田所, 前掲書『国際政治学』, 16頁。

＊17 ロバート・O・コヘイン＝ジョセフ・S・ナイ著，滝田賢治監訳『パワーと相互依存』（ミネルヴァ書房，2012年），13頁。
＊18 ジョセフ・S・ナイ Jr.著，久保伸太郎訳『不滅の大国アメリカ』（読売新聞社，1990年），47-48頁。
＊19 ジョセフ・S・ナイ，ジュニア＝デイヴィッド・A・ウェルチ著，田中明彦・村田晃嗣訳『国際紛争―理論と歴史―』〔原書第10版〕（有斐閣，2017年），61-62頁。
＊20 「ソフト・パワーとハード・パワーを使い分けるスマート・パワー」『Diamond Harvard Business Review』2009年2月号，108頁。
＊21 ジョセフ・S・ナイ著，山岡洋一訳『アメリカへの警告―21世紀国際政治のパワー・ゲーム―』（日本経済新聞社，2002年），33頁。
＊22 「政策提言」財団法人日本国際フォーラム「『日米関係の今後の展開と日本の外交』提言・報告書―『スマート・パワー時代』における日米同盟と日本外交―」（2011年3月）（www.jfir.or.jp/j/activities/reseach/special_study/201103.htm〔2018年5月30日〕），11頁。
＊23 田所昌幸「日本のソフトパワー」大芝亮編『日本の外交―対外政策　課題編―』〔第5巻〕（岩波書店，2013年），287頁。こうした「日本の弱点は，外交当局というより，ジャーナリズム，ビジネス，学界など日本社会全体の構造的な弱点である」との見解もある（同上，283頁）。
＊24 http://www.meti.go.jp/policy/mono_info_service/mono/creative/ （2018年5月30日）。
＊25 大芝亮『国際政治理論―パズル・概念・解釈―』（ミネルヴァ書房，2016年），59頁。
＊26 杉山知之『クール・ジャパン―世界が買いたがる日本―』（祥伝社，2006年），21-22頁。

　なお，「ソフトパワーが注目される文脈は，普通ハードパワーの限界が意識されたときだが，日本の知的文脈では，ハードパワーの過剰を抑制するよりその不足を補うという文脈でソフトパワーが語られるようになった」として，「日本が他国に優越しているとされてきた経済力についても一九九〇年代半ば以降は停滞し衰退しているとの認識が広がり，日本外交にとって最大の『実弾』だったODA予算も急激に削減されたことから，外交の現場ではソフトパワーが重要な外交資源として意識されるようになった」と分析する識者もいる（田所，前掲論文「日本のソフトパワー」大芝編，前掲書『日本の外交』〔第5巻〕，270-271頁）。

第11回 史上初の米朝首脳会談

(2018年6月15日)

　2018年6月12日，世界中の注目があつまるなか，米朝首脳会談が，おこなわれた。首脳会談とは，「複数国の首脳が行う会議」のことをいい，「一般に首脳会議は，その成果によって3つに大別することができる」とされる。その「第1は，APEC（アジア太平洋経済協力）首脳会議，NATO（北大西洋条約機構）首脳会議のように事前に外相レベル以下で周到な準備がなされ，合意の儀式として共同宣言調印などのために行う首脳会議である。第2は，G8先進国首脳会議のように，事前に相当の準備がなされるが，重要ないくつかの問題点（対ソ支援策など）の解決を首脳レベルに委ねるための首脳会議である」。このケースでは，通常，「会議参加国は会議を成功させたいという意欲があるので，概して合意に達しやすい」とされる。そして，「第3は，事前にあまり準備をする時間がなく，いきなり首脳レベルの会合で問題解決の突破口を開こうとするための首脳会議」で，「この場合，合意が得られる保証がなく，失敗の可能性が高い」とされている[1]。今回の米朝首脳会談が，第3のパターンでないことを祈るばかりである。

　ちなみに，今回の米朝首脳会談にさきだって，8・9日の両日，カナダのシャルルボワで，主要7カ国首脳会議（G7サミット）が開催されている。まずはじめに，このG7サミットの模様について概観しておこう。なぜなら，初日の「G7の政治・外交分野の討議は，計1時間40分のうち半分が北朝鮮問題に充てられた」からである[2]。これは，米朝首脳会談を3日後にひかえての対応としては当然といえよう。その結果，「G7として，北朝鮮による全ての大量破壊兵器，あらゆる射程の弾道ミサイル及び関連施設の完全な，検証可能な，かつ，不可逆的な廃棄の実現が必要であること，そ

のために北朝鮮に対し，関連国連安保理決議の完全な履行を求め，具体的な行動を引き出していくこと等で一致し，米朝首脳会談の成功を後押ししていくことを確認」することができたようである[*3]。サミットの折りに，採択された「G7シャルルボワ首脳コミュニケ」にも，つぎのような文言がみられた[*4]。

> 我々は，引き続き，北朝鮮に対して，全ての大量破壊兵器（WMD），弾道ミサイル並びにそれらに関連する計画及び施設の，完全な，検証可能な，かつ不可逆的な廃棄を求める。我々は，完全な履行を前提として，北朝鮮による，核実験及び弾道ミサイル発射のモラトリアムに関する発表，4月27日の「板門店宣言文」で示された非核化へのコミットメント，そして，5月24日の一見したところの豊渓里核実験場の閉鎖を含む，最近の進展を認めるが，完全な非核化の重要性を改めて表明する。北朝鮮の全ての大量破壊兵器及び弾道ミサイルの廃棄は，朝鮮半島における全ての人々にとって，更なる前向きな未来と，あまりにも長く苦しんできた北朝鮮の人々にとっての繁栄のチャンスへとつながる。しかし，更なる行動が必要であり，我々は，全ての国に対し，北朝鮮に自らの方針を変えさせ，決定的かつ不可逆的な行動を取らせるため，関連国連安保理決議の完全な履行を含め，強固な圧力を維持することを要請する。この文脈で，我々は，北朝鮮に対して，北朝鮮の人々の人権を尊重するとともに，拉致問題を即時に解決するよう改めて要請する。

こうして，対北朝鮮問題をめぐっては，G7諸国のあいだの結束がたもたれた。しかしながら，今回のシャルルボワ・サミットでは，「『米国第一主義』を振りかざし，欧州首脳との対立を深めるトランプ米大統領の孤立ぶり」がめだったようで，「『G6+1』。今回の主要7カ国首脳会議（G7サミット）は，有識者やメディアの間でこう表現されている」との声もあるほどだ[*5]。そうしたなか，「トランプ氏を孤立させないことに腐心」したのが，安倍晋三首相であったという[*6]。では，なぜ，安倍は，孤立無援

状態にあったドナルド・J・トランプ大統領に手をさしのべたのであろうか。両者のあいだの親密な関係がそうさせたとの見方もなりたつ。だが，今回の場合，きたるべき米朝首脳会談で，拉致問題に言及してもらいたいとの思いから，トランプ擁護にまわったとみるのが自然ではなかろうか*7。現に，サミット開催にさきだつ7日に，ホワイトハウスでおこなわれた日米首脳会談後の共同記者会見の席上，トランプは，「（拉致問題は）首相にとって重要なことだと理解している。首相の望みに沿って，絶対に，絶対に北朝鮮との議題にする」と断じているのである*8。しかも，米朝首脳会談前日の11日の電話協議で，「トランプ氏は米朝会談の際に拉致問題を提起することを『100％保証する』と首相に伝えた」とされていた*9。

なにが話しあわれたのか？

では，シンガポール南部のセントーサ島にある高級ホテル「カペラ・シンガポール」でおこなわれた史上初の米朝首脳会談ではなにが話しあわれ，どのような成果が得られたのであろうか。ここで，『朝日新聞』，『毎日新聞』，『読売新聞』の社説の論調を紹介したい。『読売新聞』（「［社説］米朝首脳会談　北の核放棄実現へ交渉続けよ」）は，「米国と北朝鮮が首脳同士の信頼関係を築く歴史的会談となった」と述べている*10。また，『毎日新聞』（「社説：史上初の米朝首脳会談　後戻りさせない転換点に」）は，ほんの「数カ月前までは戦争の瀬戸際とも言われた米朝の『雪解け』は前向きにとらえたい」としているし*11，『朝日新聞』（「（社説）初の米朝首脳会談　非核化への重大な責任」）も，「2人が踏み出した一歩の意味は重い」と記し*12，3紙ともに，今回のトランプ・金会談に対して，一定の評価をあたえていることがわかる。

しかしながら，「緊張緩和は進んだものの，北朝鮮の非核化で前進はなかった」（『読売新聞』），「2人が交わした合意は画期的と言うには程遠い薄弱な内容だった」（『朝日新聞』），「固い約束のようだが，懸念は大いに

残る」(『毎日新聞』)とあるように，3紙とも，無条件で，今回の米朝首脳会談を評価しているわけではないようだ。その理由の1つとして，今回の共同声明では，前出の「G7シャルルボワ首脳コミュニケ」でも言及され，「米国が従来求めてきた『完全かつ検証可能で不可逆的な非核化(CVID)』には触れていない」事実をあげることができる。要するに，米朝首脳会談は，「核廃棄をめぐる肝心な論議を詰め切れていないことをうかがわせた」(『毎日新聞』)だけでしかないとの批判もなりたつ。『読売新聞』も，「首脳会談でも抽象的な合意しか生み出せなかったのは残念だ」との思いを吐露している。『朝日新聞』の場合は，記者会見の場で，トランプが，「それを文書に落とすには『時間がなかった』と認めた。その上で金氏は速やかに動くだろうとの期待を口にした」点に着目し，「その軽々しさには驚かされるとともに深い不安を覚える」とまで断じている。このように，共同声明をみるかぎり，「そもそも北朝鮮がCVIDに同意したかどうかもはっきりしない」(『毎日新聞』)＝「金委員長が核を手放す決断を下したかどうかは，不透明だと言わざるを得ない」(『読売新聞』)のであって，「今後予定される米朝協議で，着実に非核化措置を築かない限り，トランプ氏の外交は称賛されない」(『朝日新聞』)のである。ましてや，トランプののぞむノーベル平和賞の受賞など，夢のまた夢とならざるを得ない。

　こうしてみると，「北朝鮮が誠実に非核化を実行する保証がどこにあるのか。せっかくの歴史的な会談なのに合意内容がいつの間にか後戻りしないか不安になるのだ」との『毎日新聞』の意見や「署名された共同声明をみる限りでは，米国が会談を急ぐ必要があったのか大いに疑問が残る」との『朝日新聞』の見解には大いに説得力がある。だが，『読売新聞』も指摘しているように，「核保有に至った国に核を放棄させるのは極めて困難な目標である。その達成に向けて米国は粘り強い交渉を続けねばならない」こともまた，事実なのである。

　さて，注目の日本人拉致問題については，「訪米してトランプ氏に提起を要請した安倍晋三首相の顔を立てた格好」で，「トランプ氏は首脳会談

で日本人拉致問題を提起したと述べた」ものの，「共同声明には盛られていない」（『毎日新聞』）。そのため，「トランプ氏は会談で『提起した』というが，実際のやりとりは不明だ」（『朝日新聞』）との疑念が生じてくることも，なんら不思議ではない。とはいえ，今後，「拉致被害者の帰国を実現するには，日朝両国の首脳が直接，協議するしかない」のであって，安倍が，「金委員長との会談を模索するのは当然」（『読売新聞』）である。その意味で，「政府は米国と緊密に連携し，日朝首脳会談の開催に向けた環境の整備を進める必要がある」（『読売新聞』）のかもしれないが，「米国との関係に寄りかかるだけの受け身の姿勢から脱し，朝鮮半島と北東アジアの安定と和平づくりを積極的に構想する外交力が問われている」（『朝日新聞』）との視点を見失うべきではない。

　つぎに，今回の米朝首脳会談についての筆者の評価を述べてみたい。『読売新聞』の社説でもふれていたが，「過去の米朝交渉で，米政権は大統領任期の制約に縛られ，北朝鮮の見返り目当ての揺さぶり戦術に翻弄（ほんろう）された経緯がある」。現に，「クリントン大統領は退任前年の00年，北朝鮮の金正日（キムジョンイル）総書記の特使と会談」をもち，「敵対関係の解消を確認する『米朝共同コミュニケ』の発表につなげた」ものの，「北朝鮮はその裏でウラン濃縮による核開発を進めていた」ことがあった。しかも，「ブッシュ（子）大統領も退任前年の08年，北朝鮮の核開発の全容が明らかになる前にテロ支援国の指定を解除した」のだ[*13]。また，「1993，94年の第1次核危機では，94年10月，『米朝枠組み合意』が結ばれた」にもかかわらず，「北朝鮮は秘密裏にウラン濃縮による核開発を進めた」ことがわかり，「ブッシュ米政権下の2002年10月，米側の追及にこれを認めたため，枠組み合意は破綻した」という過去がある。くわえて，「03年に始まった6か国協議では05年9月19日，北朝鮮が『すべての核兵器及び既存の核計画を放棄』すると約束した共同声明が採択された」ばかりか，「核施設の無能力化や廃棄を行う工程表も作成されたが，ブッシュ政権末期の08年，北朝鮮は米国が求める核施設の検証方法を受け入れず，6か国協議

は空中分解した」のであった*14。

　こうした反復的な約束やぶりの歴史をふまえると，今回の共同声明の発表も手放しで評価できないように思えてならない。トランプは，拡大会合冒頭で，「我々はこれまで解決できなかった大きな難題を解決する。我々は協力して，解決する」と発言しているが，それほど事態を楽観視してよいものであろうか*15。3紙の社説でもふれていたように，共同声明の内容は，きわめて抽象的なものでしかない。べつのいい方をするならば，外交交渉特有の"玉虫色"の合意でしかないのである。玉虫色とは，「見方や解釈のしかたによってどのようにもとれること」で，「文章などの表現についていう」ものだ*16。共同声明に書かれているのは，「金正恩委員長は，朝鮮半島の完全な非核化に向けた揺るぎない，確固たる決意を再確認した」「北朝鮮は，2018年4月27日の板門店宣言を再確認し，朝鮮半島の完全な非核化に向け取り組むことを約束する」「トランプ大統領と金正恩委員長は，本共同声明に定める条項を完全かつ迅速に履行することを約束する。米国と北朝鮮は，米朝首脳会談の成果を履行するため，マイク・ポンペオ米国国務長官および相応する北朝鮮の政府高官が主導する継続交渉をできるだけ早い時期に開催することを約束する」といった文言だけで，結論は先送りされただけでしかない*17。そのため，CVIDが達成できるかどうかも，不明なままである。こうした有様でありながら，今回の米朝首脳会談を成功と評価するのは早計に失するのではなかろうか。

米国と北朝鮮の思惑

　現に，米朝間での認識のズレがすでに露見してきているように思える。「史上初の米朝首脳会談から一夜明けた13日，朝鮮労働党機関紙『労働新聞（電子版）』は『朝米関係の新たな歴史を開拓した世紀の出会い』との見出しで会談の成果を大きく報じた」が，そこでは，「北朝鮮が従来主張してきた『段階的な非核化』に米国が同意したとの認識」が示されていた。

具体的に，同紙は，「金委員長は会談で『米国側が朝米関係改善のための真の信頼構築措置を講じていくなら，（北）朝鮮側も引き続き次の段階の追加的な善意の措置を講じていくことができる』との立場を明らかにしたとも伝えた」のだ[*18]。共同声明のなかには，「相互信頼の醸成が朝鮮半島の非核化の促進を可能にすることを認識」との文言がある。読みようによれば，北朝鮮側の解釈がでてきても不思議ではない。このように，共同声明でもちいられた文言が玉虫色であるからこそ，米朝間で認識のズレが生じてしまうのである。これでは，過去の米朝間の合意文書となんらかわりばえはしない。ということは，今後，よほどの外交努力をかさねないかぎり，またおなじ光景をわれわれは目にすることになりかねない。米朝会談後の記者会見の席上，「これまで多くの合意を北朝鮮は裏切ってきた。今回は何が違うのか」との質問を受けたトランプは，「政権が違います。大統領が違います。国務長官も違います」と応じたが，はたして，それだけで，北朝鮮という国家を動かすことができるのであろうか[*19]。

記者会見の場では，ほかにも，気がかりな発言がなされた。トランプは，「金委員長は『ここまで深く入り込んだことはなかった』と言いました」[*20]「そして何より，金委員長に対し，国民のために明るい新しい未来に向けて最初の大胆な一歩を踏み出したことに感謝したい」[*21]と語ったが，トランプ自身，これまでの米朝間の交渉の歴史を的確に把握しているのであろうかとの疑念が生じる。北朝鮮が，終始，約束をやぶってきたからこそ，核実験（6回）や弾道ミサイルの開発をめぐって，国連安全保障理事会が12回にもおよぶ制裁決議を採択しているのだ（2006〜2017年）[*22]。こうしたトランプのことばからは，認識のあまさしか感じとれない。

こうして考えてみると，米朝両国の首脳が直接顔をあわせたことで，皮肉にも，これまで以上に，戦争のリスクがたかまったという見方もできなくはない。共同声明の文言が玉虫色であるため，その解釈をめぐって齟齬が生じ，メンツをたもちたい両首脳が強硬なスタンスに転じることは想像に難くない。そうなると，従来のやり方よりもより厳しい姿勢を打ちださ

ざるを得ないのではなかろうか。そうした懸念をいだくのは筆者だけであろうか。ちなみに，今回の共同声明の最後は，「米国のドナルド・J・トランプ大統領と朝鮮民主主義人民共和国の金正恩国務委員長は，新たな米朝関係の発展，および朝鮮半島ならびに世界の平和，繁栄，安全の促進に向け，協力すること約束した」と結ばれているが，ほんとうにそうなることを祈念するばかりである。

　最後に，拉致問題についてもふれておこう。会談後の記者会見の席上，「拉致問題は取り上げられたか」との問いかけに，トランプは，「もちろん提起しました。これは安倍首相が非核化とともに非常に重要だと考えている点です。共同声明には盛り込まれていないが，今後，取り組まれるでしょう」と述べた[*23]。トランプのこうした発言をひきだせたということは，安倍が7日にホワイトハウスを訪問し，トランプに懇願した結果とみてよかろう。だが，このトランプのコメントには，裏がある。トランプは，「非核化のコストについては話し合ったか。北朝鮮はどう支払うのか」との記者からの問いに，「韓国と，そして日本が彼らを助けると思います。彼らは助ける準備をしていると思うし，彼らは助けなければならないとわかっています。私たちは彼らを助ける必要はありません」と断じているのだ[*24]。トランプにしてみれば，安倍の依頼を受けて，米朝首脳会談の場で，拉致問題をとりあげた。その代価を安倍が負担するのは当然との理屈であろう。これこそが，トランプにとってのディール＝取引なのである。べつのいい方をすれば，トランプにとって，安倍との親密な関係とはビジネスライクなものでしかないというわけだ。

　一貫して，安倍は北朝鮮との「対話」をかたくなに拒みつづけ，「圧力」の効能を説いてきた。にもかかわらず，トランプが対話路線に舵をきったとたん，安倍の姿勢も変わりはじめたようだ。実際，「安倍首相が，北朝鮮に対する圧力路線を，対話路線へと転換させつつある。トランプ米大統領が12日の米朝首脳会談で日本人拉致問題を提起するなど，対話を通じた問題解決への好機と判断したためだ」との報道もある[*25]。拉致問題の解

決が最重要課題であることは論をまたないが，こうした安倍の態度をみていると，米国追随外交そのものとの印象を受けてしまうのは，筆者だけであろうか。

注

* 1　西原正「首脳会議・首脳会談」川田侃・大畠英樹編『国際政治経済辞典』〔改訂版〕（東京書籍，2003年），373-374頁。
* 2　『毎日新聞』2018年6月10日，2面。
* 3　https://www.mofa.go.jp/mofaj/ecm/ec/page4_004124.html（2018年6月12日）。
興味深いのは，3日後におなじ頁にアクセスしたところ，「北朝鮮による全ての大量破壊兵器，弾道ミサイル」となっており，「あらゆる射程の」ということばが消えてしまっていたことを付言しておきたい。
* 4　https://www.mofa.go.jp/mofaj/ecm/ec/page4_004125.html（2018年6月12日）。
なお，サミットの「閉幕後，トランプ米大統領はツイッターで，首脳宣言を承認しないよう担当者に指示したことを明らかにした」ことを付言しておく（『毎日新聞』2018年6月11日〔夕〕，1面）。
* 5　『朝日新聞』2018年6月10日，2面。
とりわけ，トランプは，「通商政策では歩み寄りの姿勢を全く見せず，ロシアのサミット復帰を突然提案するなど『自己流』の交渉術を貫く」姿勢をみせたという（『読売新聞』2018年6月10日，7面）。
* 6　『朝日新聞』2018年6月10日，2面。
* 7　このほかにも，安倍が，G7の地位低下を回避しようと考えた結果との見方もある。そもそも，G7は，「第1次石油危機をきっかけに1975年に始まり，自由貿易や民主主義といった共通の価値観で世界の課題に対処してきた」ことで知られている（『毎日新聞』2018年6月10日，3面）。だが，このG7サミットをめぐって，「トランプ氏は今回，初日に遅刻し，2日目は早退」するなど，「関心の薄さがうかがえる」状態にあった。今後，「米国のG7離れが現実的になればG7は地位が低下しかねず，日本にとっては深刻だ」との認識が，安倍にはあるからだ。しかも，「国連安全保障理事会の常任理事国ではなく，かつてのような経済力を失いつつある日本にとって，G7メンバーであることは世界のリーダーの一角を占める正統性にもつながっている」というつよい思いがあるからにちがいない（『朝日新聞』2018年6月10日，2面）。
* 8　『読売新聞』2018年6月9日，7面。
原語では，"It was preeminent in our conversations. He talked about it long

and hard and passionately. And I will follow his wishes, and we will be discussion that with North Korea, absolutely. Absolutely." となっている（https://www.whitehouse.gov/briefings-statements/remarks-president-trump-prime-minister-abe-japan-joint-press-conference-2/〔2018年6月15日〕）。

＊9　『毎日新聞』2018年6月12日，1面。
＊10　『読売新聞』2018年6月13日，3面。
＊11　『毎日新聞』2018年6月13日，5面。
＊12　『朝日新聞』2018年6月13日，14面。
＊13　『読売新聞』2018年6月13日，2面。
＊14　同上，9面。
＊15　同上，8面。
＊16　小学館国語辞典編集部編『精選版　日本国語大辞典』〔第二巻〕（小学館，2006年），1341頁。
＊17　https://jp.usembassy.gov/ja/joint-statement-president-trump-chairman-kim-singapore-summit-ja/（2018年6月15日）。
＊18　『毎日新聞』2018年6月14日，1面。
＊19　『朝日新聞』2018年6月13日，10面。
＊20　同上。
＊21　『読売新聞』2018年6月13日，8面。
＊22　『毎日新聞』2018年6月14日，16面。
＊23　『朝日新聞』2018年6月13日，10面。
＊24　同上。
＊25　『読売新聞』2018年6月14日，1面。

第12回 国会の種類⁉

(2018年6月22日)

　菅官房長官は12日，衆参両院の議院運営委員会理事会に出席し，通常国会を22日に召集すると伝えた。与野党各党が菅氏の提案を了承したことから，政府は引き続き，持ち回り閣議で22日召集を正式決定した。会期は6月20日までの150日間。
　衆院議運委理事会では，安倍首相による施政方針演説など政府4演説を22日に，それに対する各党の代表質問を24，25両日に行うことを決めた。参院代表質問は25，26両日に行われる見通し。
　政府・与党は29日から予算委員会を開き，2月上旬に2017年度補正予算案を成立させたい考えだ。

　これは，2018年1月13日付の『読売新聞』朝刊の記事で，第196回国会（常会〔通常国会〕）の開催を伝えたものである[*1]。日本国憲法・第52条にあるように，「国会の常会は，毎年一回これを召集する」こととなっている。なお，常会では，「新年度の予算案と予算関連法案などが審議される」[*2]。ちなみに，「常会は，毎年一月中に召集するのを常例とする」（国会法・第2条）ため，上記の新聞記事にあるように，第196回国会の場合，1月22日が召集日となったわけだ。もともと，国会法の規定では，常会は12月に召集されることとなっていた。これは，「古くはヨーロッパでも収穫期を終えた初冬に議会を開いていたようで，帝国議会の召集時期はそうした伝統にもとづくと同時に，四月の新会計年度に向けての予算案審議のスケジュールに合わせたものだった」ため，「帝国議会時代には定例会期（通常議会）の召集は一一月ないし一二月に行なわれていた」という。この伝統をもとに，日本国憲法下の国会においても，常会の召集は，12月となっ

ていたのだ。だが，「一二月に国会を召集しても実際に予算案が提出されるのは一月になってからで，国会は開会後すぐに年末年始の『自然休会』（休会の議決を経ていない事実上の休会。ちなみに正式の休会は第四回国会以降行なわれていない）に入り，一月中旬の審議再開までの会期日数を空費してしまう。そこで，一九九〇年の国会開設百年を契機に国会法を改正し，現在のように召集時期を一月としたのである」[*3]。さらに，「常会の会期は，百五十日間とする」との国会法・第10条の規定があり，第196回国会の場合，6月20日が会期末とされていた。しかし，会期末の6月20日になって，7月22日まで32日間，会期が延長されることとなった。これは，「国会の会期は，両議院一致の議決で，これを延長することができる」（国会法・第12条1項）ためである。ちなみに，新聞報道をみると，「衆院は20日の本会議で，同日に会期末を迎えた今国会を7月22日まで32日間延長することを自民，公明両党と日本維新の会，希望の党などの賛成多数で議決した。政府・与党は，カジノを含む統合型リゾート（IR）実施法案，参院定数を6増する公職選挙法改正案など残った重要法案を確実に成立させたい考えだ」と記されている[*4]。ほかにも，「延長国会での成立をめざす与党に対し，野党は内閣不信任決議案の提出などで法案採決に抵抗する構え。通常国会の会期延長は1回しかできないため，最終盤で与党が採決を強行する可能性もある」との報道もあった[*5]。

■図表12-1　第2次安倍政権以降の通常国会の会期延長

2013年	なし（参院選が控えていたため）
14年	なし
15年	95日（安全保障法制審議のため戦後最長の延長幅）
16年	なし（参院選が控えていたため）
17年	なし（「共謀罪」法が委員会採決を省略して成立）
18年	32日（働き方改革関連法案，カジノ実施法案など）

（出所）『朝日新聞』2018年6月21日，4面。

臨時と特別の国会？

　このほか，日本国憲法・第53条で明記されているように，「内閣は，国会の臨時会の召集を決定することができる。いづれかの議院の総議員の四分の一以上の要求があれば，内閣は，その召集を決定しなければならない」のだ。ちなみに，「1970年の『公害国会』と言われた臨時国会は要求から半年近い176日後に開かれた」ということがあったものの[*6]，これまで，「戦後，臨時国会や特別国会が開かれていない年はない」とされてきた[*7]。だが，2015年は，常会しかひらかれない年となってしまった。もっとも，同年，「野党5党はこの規定を使い，10月21日に召集要求書を出した」にもかかわらず[*8]，臨時会（臨時国会）が開催されることはなかった[*9]。さらに，2017年には，前出の憲法の規定にもとづき，「野党は6月に，森友・加計問題の解明をめざして臨時国会を求めていた」が，「安倍首相はこれを3カ月も放置した末に，やっと開いた臨時国会の冒頭，一切の審議を拒んで衆院を解散した」というできごともおこっている[*10]。なんとも皮肉なことに，自民党による日本国憲法改正草案・第53条には，「内閣は，臨時国会の召集を決定することができる。いずれかの議院の総議員の四分の一以上の要求があったときは，要求があった日から二十日以内に臨時国会が召集されなければならない」と明記されていることを指摘しておきたい[*11]。なお，「会期の長さは目的によって異なり，3月以上の長期の場合もあれば1日で終わる場合（解散）もある」という[*12]。最後に，国会法・第2条の3には，「衆議院議員の任期満了による総選挙が行われたときは，その任期が始まる日から三十日以内に臨時会を召集しなければならない。但し，その期間内に常会が召集された場合又はその期間が参議院議員の通常選挙を行うべき期間にかかる場合は，この限りでない」とあり，「衆議院議員の任期満了による総選挙や参議院議員の通常選挙の後に，その任期が始まる日から30日以内に臨時国会を召集しなければならない」ということになる[*13]。これまで，任期満了による総選挙が実施されたのは，1976

年12月5日の第34回衆議院議員総選挙だけであって，このときは，19日後の24日に第79回国会（臨時会）が開催されている。

では，特別会（特別国会）の場合，どうであろうか。日本国憲法・第54条1項には，「衆議院が解散されたときは，解散の日から四十日以内に，衆議院議員の総選挙を行ひ，その選挙の日から三十日以内に，国会を召集しなければならない」と記されているだけであって，「その国会の性格については全く言及されていない。国会法第一条の方に，特別会は衆議院議員の総選挙後の国会であると定められているのみである」[*14]。衆議院事務総長をつとめる向大野新治によれば，「このような定め方をしたのは，アメリカには，通常会と臨時会しかなく，かつ臨時会もほとんど開かれた例がないので，憲法の草案をつくる際に，帝国議会のものを参考にせざるをえなかったためではないだろうか」と，推測している[*15]。この特別会の力点は，「内閣総辞職に伴い，衆議院において召集日に正・副議長，常任委員長を選出し，同時に両議院において内閣総理大臣の指名が行われる」ことにある[*16]。

要するに，解散の有無にかかわらず，衆議院議員総選挙があったのちには，臨時会か特別会が開催されることとなるが[*17]，「新議員は初登院の日，すなわち召集日午前一〇時までに登院し，その際，当選証書を必ず持参する。新議員はこれを国会正面玄関で衆議院事務局関係者に渡すと，その者が内閣からの通知証に照らした当選人名簿と照合後に議員バッジと資料等を手渡たされる」ようだ[*18]。

また，「会期の延長は，常会にあつては一回，特別会及び臨時会にあつては二回を超えてはならない」との国会法の規定（第12条2項）があることも紹介しておこう。

くわえて，「衆議院が解散されたときは，参議院は，同時に閉会となる。但し，内閣は，国に緊急の必要があるときは，参議院の緊急集会を求めることができる」との規定（日本国憲法・第54条2項）によって，過去2回，参議院の緊急集会がもたれている。具体的には，「第14回国会閉会後の場

合は中央選挙管理委員会の委員の任命について，第15回国会閉会後の場合は暫定予算及び法律案（特別会召集までに期限が切れる法律の期間延長等4件）」に関してであった[*19]。ただし，「緊急集会において採られた措置は，臨時のものであつて，次の国会開会の後十日以内に，衆議院の同意がない場合には，その効力を失ふ」（日本国憲法・第54条3項）ことに留意する必要がある。

　このように，「他の政府機関，つまり行政府の各省庁や裁判所などが，特に活動期間を限定せず，常時，活動を継続しているのに対して，国会は原則として会期中（開会中）に限って活動する点に特色がある」といえる。こうしたかたちとなったのは，「もともと議会が特定の議案（課税の承認問題など）を審議するために国王によって召集される，いわば臨時の機関であったという歴史に由来するもの」である。したがって，「現在でも，日本の国会だけでなく，大多数の国の議会は会期制を維持している」ものの，「ドイツ，イタリア，ルクセンブルク，オランダなどの国々では，実際に通年会期制を採用している」[*20]。

　また，米国のケースでいうと，「連邦議会では2年間を議会期（Congress）とし，この議会期がさらに通常約1年間の2つの会期（Session）に分かれている」。なお，「議会期は同じ議員で構成されている具体的な連邦議会の存続期間とされている」。また，「議会期は憲法で定められた上院議員・下院議員の任期（修正第20条1節）が開始する奇数年の1月3日の正午に開始し，2年後の1月3日の正午に終了する。1789年の1議会から通し番号がつけられており」，たとえば，「2003年から2年間にわたる議会期は108議会（108th Congress）」となる。ちなみに，「連邦議会の会期は最長1年で1議会期が少なくとも2つの会期により構成される」が，「通常奇数年を第1会期（the First Session），偶数年を第2会期（the Second Session）と呼ぶ」。さらに，「連邦議会は特別な召集行為によらずに毎年一回憲法の規定に従って当然に開会する」が，「連邦議会の閉会（会期の終了adjournment sine die）については，1946年立法府改革法（Legislative

Reorganization Act of 1946)で，連邦議会が別に定めない限り，通常は毎年7月31日以前に閉会すると定めている。ただし，通常は両院一致決議により，11月または12月に閉会する。選挙の年は通常10月に閉会する」ようになっている[*21]。

　さて，ここで，日本の国会に話をもどそう。「国会が召集されると，まず開会式が行われ，続いて衆・参両議院の本会議において政府演説が行われる」こととなり，「これに対して，各党代表が質疑を行う」。ここでいう「政府演説とは通称で，正式には国務大臣の演説と呼ばれる」もので，「内閣総理大臣の演説は，通常国会の場合は，新年度の政治全般について基本姿勢を示すので，『施政方針演説』といい，臨時国会や特別国会の場合は，当面の政治課題に対する考えを表明するところから，『所信表明演説』という」のだ[*22]。常会では，この施政方針演説にくわえて，財務相の財政演説，外相の外交演説，経済財政相の経済演説の4つ（＝政府四演説）がおこなわれる。とりわけ，首相による「施政方針演説が重視される」が，それは，「時の内閣総理大臣や政府の基本的姿勢，内政・外交への取り組み方などが示され，これが国会論戦の主要な争点となってくるからである」[*23]。上記の政府四演説が終わると，「本会議において代表質問がなされる。代表質問は，各会派を代表して行われ，第一日目に衆議院，二日目の午前に参議院，午後に衆議院，三日目に参議院という順で行われる」ようだ[*24]。いうまでもないことだが，「政府演説や質疑の際には，全大臣が出席して，議場の大臣席に着席することになっている。この様子はテレビを通じて国民にも明らかにされるので，本会議の議事としては最も重要でかつはなやかなものである」とされる[*25]。なお，「本会議における質疑は原則として質疑事項の全部を一度に述べ，これに対し答弁者はまとめて答弁するという方法がとられており，一問一答形式の委員会質疑とは対照的である」ことを付言しておきたい[*26]。

きんきからい？

　ところで，「本会議は会期中であればいつでも開くことができるが，衆参両院の調整や委員会の活動との関係などから，定例日が設けられている。衆議院の定例日は火・木・金曜日，参議院の定例日は月・水・金曜日とされているが，必要があればこれ以外の日に開かれることもある。開議の時刻は，衆議院は午後1時，参議院は午前10時を定例とするが，必要に応じこれ以外の時刻に開かれることも多い」そうだ[*27]。衆議院におけるこうしたスケジュールから，"金帰火来"ということばが生まれてきた。これは，「国会議員が金曜日の夜に選挙区に帰り，火曜日の朝東京に戻ってくること」をさす。「国会議員は，国会開会中は休みはないことが建前であるが，しかし週末になると国会はガラガラ空きのことが多い」。なぜなら，「大半の議員は金曜日に東京をたって地元に戻り，そこで三日間，引き続いて選挙で当選するため地元民の間をかけめぐってサービスを行い，選挙の準備活動をする」からだ[*28]。

　また，「国会の本会議が開かれる前には，『議運（議院運営委員会）』が開かれ，その日の本会議の日程が決まり，開会時間が決まります。そして，本会議の開かれる前に『ヨレイ』が院内に鳴り響きます」。この予鈴は，「衆議院では開会時刻の10分前に，参議院では5分前に鳴ります」。さらに，「開会時刻を告げる『ホンレイ（本鈴）』と同時に，衆議院では扉が開かれ議員が入場を始めます。参議院では，5分前の予鈴とともに扉が開かれ，議員が入場を始めます」とのことだ[*29]。

　なお，日本国憲法・第56条1項には，「両議院は，各々その総議員の三分の一以上の出席がなければ，議事を開き議決することができない」とあり，本会議の定足数が総議員の3分の1以上であることが定められている。そして，「出席議員の三分の二以上の多数で議決したときは，秘密会を開くことができる」ものの，原則として，「両議院の会議は，公開とする」こととなっている（日本国憲法・第57条1項）。

つぎに，採決の方法をみてみよう。「本会議における採決には，（１）起立による方法，（２）記名投票による方法，（３）異議の有無を諮る方法の３種類があり，案件の重要度に応じて使い分けられる」。ちなみに，「法律案等の議案の表決における記名投票においては，問題を可とする議員は白票の木札を，問題を否とする議員は青票の木札を投票箱に投入する」かたちがとられている。もっとも，「参議院においては，これらのほかに，平成10年１月の第142回国会以降，押しボタン式投票による採決も行われるようになり，現在はこれが原則となっている」のだ[*30]。

注

*1 『読売新聞』2018年１月13日，４面。
　　なお，「会期は，召集の原因によって，常会，臨時会又は特別会と呼ばれるが，両議院では，その種類を問わず，会期ごとに順次回数を追って，第何回国会と称している」ようだ（浅野一郎・河野久編『新・国会事典』〔第３版〕〔有斐閣，2014年〕，32頁）。
*2 藤本一美『現代議会制度論―日本と欧米主要国―』（専修大学出版局，2008年），23頁。
*3 大山礼子『国会学入門』〔第２版〕（三省堂，2003年），57-58頁。
*4 『毎日新聞』2018年６月21日，１面。
*5 『朝日新聞』2018年６月21日，１面。
*6 同上，2013年９月19日，４面。
*7 同上，2015年11月12日，16面。
*8 同上，2015年11月11日，１面。
*9 ちなみに，2005年にも，臨時会は実施されなかったものの，「05年は特別国会が９月〜11月に開かれ，所信表明演説や予算委員会も行われた」ことを付言しておく（同上，2017年10月27日，14面）。
*10 同上，2017年10月24日，14面。
　　なお，「召集当日の解散は臨時国会としては前例がない」なか，1986年６月２日に召集された，「第105臨時国会の冒頭，野党の反発から本会議が開けないまま解散される」という事態が発生している。ちなみに，７月６日に実施された選挙は，衆参同日選挙となったが，これは，「（昭和）55年に次いで選挙史上２度目となる」（カッコ内，引用者補足）ものであった。また，「国会召集日の解散は，佐藤内閣

当時，昭和41年12月27日の通常国会での『黒い霧解散』に次いで2度目」のことである（同上，1986年6月2日〔夕〕，1面）。
* 11 　自由民主党「日本国憲法改正草案（現行憲法対照）」（2012年4月27日）（https://jimin.jp-east-2.os.cloud.nifty.com/pdf/news/policy/130250_1.pdf〔2018年6月20日〕），13頁。

　　ちなみに，「日本国憲法改正草案　Q＆A」〔増補版〕によれば，「『臨時国会の召集要求権を少数者の権利として定めた以上，きちんと召集されるのは当然である』という意見が，大勢でした」とのことだ（自由民主党「日本国憲法改正草案　Q＆A」〔増補版〕〔2013年10月〕〔https://jimin.jp-east-2.os.cloud.nifty.com/pdf/pamphlet/kenpou_qa.pdf（2018年6月20日）］，22頁）。
* 12 　浅野・河野編，前掲書『新・国会事典』〔第3版〕，36頁。
* 13 　藤本，前掲書『現代議会制度論』，23-24頁。
* 14 　向大野新治『議会学』（吉田書店，2018年），152頁。

　　ちなみに，国会法・第1条3項には，「臨時会及び特別会（日本国憲法第五十四条により召集された国会をいう）の召集詔書の公布は，前項によることを要しない」とある。
* 15 　同上。

　　現に，「明治憲法も，常会と臨時会とは明確に定めていたが（第四三条），衆議院解散後の総選挙を受けて召集される議会については，その名称をはじめ，特段の定めがおかれていなかったのである（第四五条）」（同上）。なお，アメリカ合衆国憲法・第2条3節には，「大統領は非常の場合には，両議院またはその一院を召集することができる」と明記されている（斎藤眞「アメリカ合衆国憲法」宮沢俊義編『世界憲法集』〔第四版〕〔岩波書店，1983年〕，44-45頁）。
* 16 　現代議会政治研究会編『議会用語ハンドブック』（ぎょうせい，1987年），25頁。
* 17 　「特別会は，常会と併せてこれを召集することができる」ことが，国会法・第2条の2には明記されている。
* 18 　村川一郎・松本彧彦『政治おもしろ帖』（リバティ書房，1996年），32頁。
* 19 　浅野・河野編，前掲書『新・国会事典』〔第3版〕，41頁。
* 20 　大山，前掲書『国会学入門』〔第2版〕，56頁および60頁。
* 21 　廣瀬淳子『アメリカ連邦議会―世界最強議会の政策形成と政策実現―』（公人社，2004年），50-51頁。

　　なお，周知のように，米国の「連邦議会は，世界で最も権限の強い議会だといわれている」。それは，「日本やイギリスの議会は政府が提案した予算案をほぼそのまま承認するのに対して，アメリカでは大統領が提出した予算案に対して多くの場合大きな修正を加えている」ことからもうかがい知れる（西山隆行『アメリ

カ政治―制度・文化・歴史―』〔三修社，2014年〕，38頁）。
* 22 　藤本，前掲書『現代議会制度論』，30頁。
* 23 　現代議会政治研究会編，前掲書『議会用語ハンドブック』，42頁。
* 24 　中島誠『立法学―序論・立法過程論―』〔第3版〕（法律文化社，2014年），209頁。
* 25 　現代議会政治研究会編，前掲書『議会用語ハンドブック』，42頁。
* 26 　浅野・河野編，前掲書『新・国会事典』〔第3版〕，52頁。
* 27 　同上，51頁。
　　　衆議院規則・第103条には，「会議は，午後一時に始める。但し，議院において特に議決したとき又は議長が必要と認めたときは，この限りでない」と（http://www.shugiin.go.jp/internet/itdb_annai.nsf/html/statics/shiryo/dl-rules.htm〔2018年6月20日〕），また，参議院規則・第81条には，「会議は，午前十時に始める。但し，議長が必要と認めたときは，この限りでない」と書かれている（http://www.sangiin.go.jp/japanese/aramashi/houki/kisoku.html〔2018年6月20日〕）。ちなみに，「アメリカ議会でも日曜日はもちろんのこと金曜日，土曜日も休会することが多いが，月曜日から木曜日まではほとんど連日正午から会議を開いているという事実は案外見落されがちである」（中村泰男『アメリカ連邦議会論』〔勁草書房，1992年〕，7頁）。
* 28 　現代議会政治研究会編，前掲書『議会用語ハンドブック』，151頁。
* 29 　塚田祐之『その情報，本当ですか？ ―ネット時代のニュースの読み解き方―』（岩波書店，2018年），172頁。
* 30 　浅野・河野編，前掲書『新・国会事典』〔第3版〕，52頁および144頁。
　　　ちなみに，はじめて「『押しボタン投票』をおもいついたのはアメリカの発明王エジソン」であったという。「二一歳の時，電気投票記録機械を発明して最初の特許をとり，大もうけを考えた」が，「『少数党唯一の希望である牛歩〈抵抗〉が消える』という理由」で，機械は，「彼の期待に反して一つも売れなかった」そうだ（村川・松本，前掲書『政治おもしろ帖』，69頁）。

第13回 日本の独立

(2018年6月29日)

　2018年6月28日，第21回サッカーワールドカップ（W杯）・ロシア大会1次リーグの日本対ポーランドの試合がおこなわれた。結果は，日本の0点に対して，ポーランドが1点というかたちに終わった。ちなみに，「サッカーのワールドカップとは，世界各国が代表チームを編成し，プロ，アマチュアを問わず世界一の座を競うもの」であって，「ワールドカップへの参加は各国のサッカー協会単位で行われるが，英国を除いて一国一協会の原則が保たれ，文字どおり国家や民族の名誉を賭けた戦いとなっている」。周知のように，「サッカーと起源を同じくし，いずれも一九世紀後半に形を整えたものに，ラグビーやアメリカン・フットボール，オーストラリアン・フットボールなどがあるが，なかでもサッカーの人気は群を抜いている。この競技を『サッカー』と呼ぶのは米国やカナダ，日本などごく限られた諸国だけで，多くの国では『フットボール』といえばサッカーのこと」をさす。日本においてさえ，協会名こそは，「日本サッカー協会」であるものの，「英語名は『ジャパン・フットボール・アソシエーション』（略称JFA）」となっている[*1]。

　さて，日本は，ロシアのボルゴグラードで，ポーランドと対戦したわけであるが，このロシアがかつてソ連とよばれていた時代があった（1917年11月～1991年12月）。そのソ連とポーランド，そして日本とのあいだで，あるできごとがおこったことがある。ちょうど，1951年9月のことだ。4日から8日まで，米国カリフォルニア州サンフランシスコのオペラハウスにおいて，サンフランシスコ講和会議が開催されていた折りのことである。この会議は，日本の独立を話しあうことを目的におこなわれたもので，52カ国が参加した。日本がポツダム宣言を受諾し，降伏したのが，1945年8

月14日であることから，日本の占領は長期間にわたっていたことがわかる。もっとも，サンフランシスコ講和会議以前から，「対日講和を早期に結ぼうという打診や発言はあった」。たとえば，「一九四六年はじめにアメリカは，米・英・ソ・中が日本の武装解除と非軍事化にかんする条約を結ぶことを提案したし，四七年にはアメリカが極東委員会（降伏した日本を管理するために設けられた連合国の最高政策決定機関）を構成する一一カ国で対日講和予備会議をひらくよう提議したが，受けいれられなかった」。なぜなら，「ソ連が，まず米・英・ソ・中の外相会議にかけるべきだと拒否し，中国も対日講和予備会議をひらくさいには多数決でなく，四大国に拒否権をみとめるべきだと主張した」ためであった。当初は，「連合国のあいだで，対日政策については，『日米開戦』の経緯からみて，アメリカが主導権をにぎるのが当然とみなされていた」し，実際，「対日戦後処理の問題では，終始アメリカが主導権をにぎりつづけた」のである[*2]。だが，米国の提案をソ連が受け入れないなど，日本の独立へむけての動きは，冷戦の影響を大きく受けることとなる。

　当時，「連合国による占領とはいえ，実質は米国主導だったため，占領を解く平和条約の締結には，米国の意向が大きな影響を持った。そのため，戦後の日本のスタートにおいては，日本国内の議論による選択よりも，勝者であった米国が戦後の日本を冷戦体制にどう位置づけるか，一九五〇年に起きた朝鮮戦争のなかで，どのようにアジア太平洋地域の枠組みを築き，日本にどんな役割を与えるかということのほうが，重要な要因であった」[*3]。そうしたなか，"封じ込め政策"で有名なジョージ・ケナンが，「日本の国内情勢に懸念を抱く」ようになり，「事態をこのまま放置すると日本は内部的に共産主義化する危険を胚胎していると判断，従来の占領政策を再検討する必要があると意見を具申」するとともに，「日本に対して経済的な民主化を極端に推し進めることは賢明でない。あるいは賠償の取り立ても適切ではない。むしろ対日政策は，日本の経済的再建という観点からもう一度とらえ直す必要がある，と進言した」のだ。それを受けて，「ア

メリカ政府は一九四八年一〇月,『NSC13-2』という文書を作成,新しい対日政策を決定」することとなる。これは,「このころ,アメリカの軍部筋では,対ソ戦略面で日本がしめる軍事的重要性に着目して,対日政策の転換,すなわち日本をソビエトに対する防壁として強化する必要がある,といった意見が有力になっていた」状況も受けてのことであった*4。

さらに,「50年2月に中ソの軍事同盟が成立し,10月以降,朝鮮半島で中国軍と米軍が激突するようになると,中国はアメリカにとって東アジアにおける不倶戴天の敵となる。その裏返しとして,東アジアの提携国として日本を強化する政策の重要性が増すことになった」。このような「日本の価値の上昇は,当時,日本外交の焦眉の課題であった講和独立の実現に有利な環境を生み出した」のだ。というのは,「講和交渉の最大の相手方であるアメリカ政府が,このように価値の『切り上がった』日本を西側陣営により堅くつなぎとめるためにも,寛大な講和を早期に実現すべきであるという判断」にいたったからである*5。もちろん,「朝鮮戦争は戦後日本の進路に多大な影響を与えた」ことはまちがいないが,とりわけ,日本の再軍備の契機となったことも忘れてはならない。具体的にいうと,「1950(昭和25)年6月に戦争が勃発すると,7月,マッカーサーは日本政府に7万5000人からなる警察予備隊の創設を指令」したのだ。「この予備隊は,後に保安隊,さらに自衛隊に改組されて日本再軍備の基盤となった」*6。

マッカーサーとダレス

ただ,ここで留意しておかなければならないのは,「日本に君臨するマッカーサーは独自の観点を持っていた」のであって,「非軍事化と民主化という初期占領政策の2目標を,マッカーサーは勝者の敗者に対する処断としてではなく,人類共通の理想において表現する能力に長けており,憲法改正をはじめ広汎な占領改革を1948年までに実らせた。その成果を誇り守ることが,マッカーサーの基本的立場であった」のだ。そのため,「冷

戦が深まっても，彼は憲法第9条に背反するような日米両政府からの再軍備提案に耳を貸さなかった」。それどころか，「米軍部が日本の再軍備と米軍の日本本土駐留を求めるのに対し，マッカーサーは，その双方がなくとも米軍による日本周辺の戦略支配によって日本の安全を守りうるとして，国防省（ペンタゴン）と対立した」[*7]。そうした文脈で，「一九五〇年一月，マッカーサーは恒例の年頭声明で，四九年は『占領軍の管理がつぎつぎと大幅に緩和された年』であり，日米両国の間にはすでに『事実上の講和』がなされていると指摘し，あらためて日本の軍事的中立を強調した」のであった。だが，「年頭声明から半年を経た六月一四日，マッカーサーはジョンソン国防長官に，『日本の平和，安全と正義』を脅かす『無責任な軍国主義〔共産主義〕』が世界に存在する限り，連合国は日本の諸地点に駐屯し続けるとした覚書を送っている。ポツダム宣言の枠内で，軍国主義を冷戦の文脈に置き替え，従来の日本の非武装化から，日本本土の基地としての活用，それも大規模な活用を認める方向へマッカーサーもまた転じたのである」[*8]。ダグラス・マッカーサーがその立場を大きく変えるほど，冷戦の激化は顕著であったというわけだ。

　また，講和問題をめぐって，米国政府の特使として，日本との一連の交渉をになったのが，ジョン・F・ダレスであった。ダレスは，「法律家として成功し共和党の対外政策の理論的指導者」とされていたものの，「民主党のトルーマン政権下で超党派外交の方針に協力した」。このダレスは，「アメリカの自由と民主主義を固く信奉し，他方，共産主義に対して誤解ともいうべき激しい憎悪を抱いていた」人物であった。そのため，ダレスの「工作は，講和後独立した日本は完全に反共アメリカの協力国となるべく計画され，そのためには社会主義国の反対をも無視して，片面講和をも強行する勢いを示した」のであった[*9]。

　こうした紆余曲折をへて，「サンフランシスコ講和会議は九月四日午後七時，オペラ・ハウスの開会式で幕を開けた」が，もともと，「会議とはいっても採択された議事規則は極めて形式的で，実質審議を伴わない条約

署名のための会議」でしかなかった。だが，5日には，「ソ連のアンドレイ・グロムイコ全権が，中華人民共和国を招請すべきだと異議を述べ，チェコ，ポーランド全権が賛同した」ものの，結局，「表決で議事規則が採択され，議長にアチソンが選出された。これによって，会議は条約案の修正を許さず，各国の陳述を述べるという進行の大筋が固まった」のだ。だが，アンドレイ・グロムイコは，その後も，「ソ連の立場は，『条約案には日本軍国主義の再建・日本の侵略国家への変化を阻止する保障が何もない。条約案は日本軍国主義の再建のための条件を作り上げ，新たな日本侵略の危険を作り出している』『外国軍による駐屯と基地の保持は，日本の自衛を口実に合衆国との侵略的軍事同盟参加を規定する』という主張」を展開するなど，反対のスタンスを色濃くしていた[*10]。

しかしながら，最終的に，9月8日，「連合国及び日本国は，両者の関係が，今後，共通の福祉を増進し且つ国際の平和及び安全を維持するために主権を有する対等のものとして友好的な連携の下に協力する国家の間の関係でなければならないことを決意し，よつて，両者の間の戦争状態の存在の結果として今なお未決である問題を解決する平和条約を締結することを希望する」という文言ではじまる，サンフランシスコ平和条約（＝「日本国との平和条約」）が調印されることとなる[*11]。この条約に署名したのは49カ国で，そこには，ソ連，ポーランド，チェコスロヴァキアのサインはなかった。この事実は，日本が「全面講和」ではなく，「片面講和」を選択したことを意味していた。当時の日本では，「社会党など野党，労働組合，進歩的知識人などはソ連を含む全連合国との『全面講和』を主張したのに対して，自由党など保守陣営は，米国など西側陣営のみとの講和はやむをえないとする『多数講和』（単独講和，片面講和）を主張し，吉田は全面講和論者の南原繁東大総長を"曲学阿世の徒"と批判した」こともあった[*12]。全面講和論者は，雑誌『世界』に，「講和問題についての平和問題談話会声明」を発表するなど，世論形成につとめた。同声明の「結語」部分には，「一，講和問題について，われわれ日本人が希望を述べるとす

第13回　日本の独立

れば，全面講和以外にない」「二、日本の経済的自立は単独講和によっては達成されない」「三、講和後の保障については，中立不可侵を希い，併せて国際連合への加入を欲する」「四、理由の如何によらず，如何なる国に対しても軍事基地を与えることには，絶対に反対する」と明記されていた[*13]。

　だが，結局，吉田は，「全面講和」ではなく，「片面講和」を選択する。そして，最終的に，「日本全権団は，首席全権委員に首相吉田茂，全権委員に自由党常任総務星島二郎，民主党最高委員長苫米地義三，緑風会議員総会議長徳川宗敬，大蔵大臣池田勇人，日本銀行総裁一万田尚登の六人」が決定しただけで[*14]，日本社会党（社会党）からの参加は得られなかった。このことからもわかるように，「吉田総理の，そしてまたダレス特使の念願であった『超党派的全権団』は完全には実現できなかった」というわけだ[*15]。

　このほか，サンフランシスコ講和会議をめぐっては，米国政府からの招請状を受けとったにもかかわらず，インドとビルマは会議自体に参加しなかった事実も付言しておきたい。ちなみに，「インドの不参加は，サンフランシスコ条約が日本に名誉ある平等の地位を与えていないとの好意的な理由から，またビルマの不参加は賠償についての不満によるものであった」という[*16]。

　いずれにせよ，1952年4月28日には，サンフランシスコ平和条約が発効し，日本は独立をはたす。だが，同時に，いくばくかの"代価"をはらわなければならなかったことも忘れてはならない。たとえば，「中国は，北京，台湾のどちらが正統政府かという問題で米英の意見が対立したため，会議に招請されなかった」が，「1951年12月24日，吉田首相がダレスに書簡を送って，日本は台湾の国民政府（中華民国政府）との間に正常な関係を再開すると表明した」ことで，「中国との講和問題は，サンフランシスコ講和会議後に一層，複雑になった」。

　さらに，「沖縄の取り扱いも，サンフランシスコ講和の代償であった。

日本は平和条約3条によって，沖縄（と小笠原）をアメリカの施政権下に置くことを承認しなければならなかった」からだ[*17]。

独立後の沖縄

とりわけ，「沖縄では，サンフランシスコ条約第三条で国連の信託統治下にうつされることが規定されていただけに，この条約にたいする反応は，いちだんとするどかった。条約発効の一九五二年四月二八日，沖縄人民党の瀬長亀次郎書記長（のちに日本共産党副委員長）は声明を発表し，『われわれの琉球が，アメリカの信託統治下におかれることなく，即時日本に復帰し，日本民族としての誇りをもち，完全独立と平和と自由をかちとらんとしている事実はなにびともこれをこばむことはできない』とのべ，条約の第三条撤廃運動や反植民地闘争の先頭に立ってたたかうことを誓った。二日後の四月三〇日，沖縄立法院では，『日本復帰請願決議』が可決された。五月一日には，沖縄本島で戦後はじめての公然とした大衆メーデーがひらかれた。会場は，那覇市にあるコカ・コーラ会社裏の広場で，雨をついて四〇〇人の労働者があつまり，『即時祖国復帰』の要求を前面におしだした」のであった[*18]。なお，サンフランシスコ平和条約が発効し，日本が主権を回復した日は，「沖縄で復帰運動を担った人々を中心」として，「『屈辱の日』とも呼ばれる」[*19]。また，「奄美では『痛恨の日』とも言われる」[*20]。なぜなら，この日，「サンフランシスコ講和条約発効で日本は第二次世界大戦の連合国管理から独立を回復したが，沖縄や奄美群島，小笠原諸島は日本から切り離されて米国統治が正式に決まった」からにほかならない[*21]。ちなみに，2012年12月16日の第46回衆議院議員総選挙時の公約（政策集）で，自民党が，「4月28日を主権回復の日として政府主催の記念式典を開くと明記」していたこともあって，2013年4月28日，「政府主催の『主権回復・国際社会復帰を記念する式典』」が，「サンフランシスコ講和条約発効から61周年にあわせて開催された」ものの[*22]，翌2014

年には,「米軍普天間飛行場（沖縄県宜野湾市）の名護市辺野古への移設を着実に進めるため, 式典開催に反発する沖縄の県民感情に配慮した」かたちで, おこなわれなかった[*23]。また, 2018年6月26日の夕刊に,「太平洋戦争で米国に占領された小笠原諸島が日本に返還されてから, 26日で50年を迎えた」との記事が掲載されたのは, われわれの記憶にあたらしい[*24]。

　ところで,「対日講和の達成はアメリカにとって大きな外交的成功」といえた。「講和条約によってアメリカは日本に条約による軍事的経済的制限や重い賠償責任を課することなく, 日本をアメリカの友邦として国際社会に復帰させることができた」からだ。また,「この条約によってアメリカは戦略的に重要な沖縄を事実上無期限に統治下におくことが可能になった。さらに日米安保条約によって, アメリカはひきつづき日本本土の軍事基地を使用する権利を得, 同時に日本に自衛力漸増についての道義的責任を負わせたのである。サンフランシスコ講和の特色は, 第二次大戦における日本の主要敵国アメリカが日本と講和条約を結んだだけでなく日本と一種の同盟条約を結んだところにあった。サンフランシスコ体制とはアメリカの同盟国としての日本の国際社会への復帰」を意味したのである[*25]。なお, ここでいう日米安全保障条約（＝「日本国とアメリカ合衆国との間の安全保障条約」）とは, サンフランシスコ平和条約とおなじ, 1951年9月8日に調印されたもので, その"片務性"が問題視されつづけるもののことである（発効：1952年4月28日）。ちなみに,「サンフランシスコで開かれた平和会議では, 予想に反してソ連が参加したことから, アメリカ側は安全保障条約の調印が混乱を招くのを恐れて, 調印を延期したいと日本側に申し入れた。しかし, 平和会議が混乱もなく終了する目処がついたことから, 九月七日に吉田が平和条約の受諾演説を終えた午後一一時頃になって, 翌日調印したい旨日本側に通知してきた」という。かくして,「翌九月八日, 平和条約がオペラ・ハウスで調印された後で, 吉田はサンフランシスコ市のはずれに近い第六兵団の駐屯地プレシディオで, 唯一人安全

保障条約に調印したのであった」[*26]。

　ところで，日本の独立時に，国交のなかったソ連とポーランドとは，いつ国交が回復したのであろうか。ソ連とは，1956年12月12日の「日ソ共同宣言」が効力を発したことで，国交回復がなしとげられ，また，ポーランドとは，1957年5月18日に，「日本国とポーランド人民共和国との間の国交回復に関する協定」が発効したことで，国交の回復を実現したのである[*27]。国交回復から61年のときをへて，日本とポーランドが，ワールドカップの場で対戦する意味をあらためてかみしめたい。同時にまた，「日本・ポーランド両国は，1919年3月22日に日本政府がポーランド共和国及び同国政府を承認する形で，国交を樹立した」のであり，2019年3月22日には，国交樹立100年という節目をむかえることも付言しておきたい[*28]。

注

* ＊1　松岡完『ワールドカップの国際政治学〈増補〉』（朝日新聞社，1994年），4-5頁。
* ＊2　佐々木隆爾『サンフランシスコ講和─岩波ブックレット　シリーズ昭和史No.11─』（岩波書店，1988年），17-18頁。
* ＊3　我部政明『日米安保を考え直す』（講談社，2002年），14頁。
* ＊4　細谷千博『日本外交の軌跡』（日本放送出版協会，1993年），113-114頁。
* ＊5　坂元一哉「『切り上がった』日本の価値─朝鮮戦争と対日講和─」増田弘・土山實男編『日米関係キーワード』（有斐閣，2001年），55頁。
* ＊6　坂元一哉「独立国の条件─1950年代の日本外交─」五百旗頭真編『戦後日本外交史』〔第3版補訂版〕（有斐閣，2014年），64頁。
* ＊7　柴山太・楠綾子「日米戦争と日本占領─1941-52年─」五百旗頭真編『日米関係史』（有斐閣，2008年），170-171頁。
* ＊8　福永文夫『日本占領史─1945-1952─』（中央公論新社，2014年），259頁および265-266頁。
* ＊9　衞藤瀋吉・山本吉宣『総合安保と未来の選択』（講談社，1991年），99-100頁。
* ＊10　外岡秀俊・本田優・三浦俊章『日米同盟半世紀─安保と密約─』（朝日新聞社，2001年），78-80頁。
* ＊11　細谷千博・有賀貞・石井修・佐々木卓也編『日米関係資料集1945-97』（東京大学出版会，1999年），111頁。
* ＊12　増田弘「日米安保条約締結で吉田茂の果たした役割とは？」西原正・土山實男

監修,平和・安全保障研究所編『日米同盟再考―知っておきたい100の論点―』(亜紀書房,2010年),54頁。なお,南原繁と全面講和論との関係については,浅野一弘「南原繁と全面講和論」杉田米行編『第二次世界大戦の遺産―アメリカ合衆国―』(大学教育出版,2015年)を参照されたい。

*13 「〔一九五〇年三月号〕講和問題についての平和問題談話会声明」『世界』1985年7月臨時増刊号,110-111頁。
*14 石丸和人『戦後日本外交史 I―米国支配下の日本―』(三省堂,1983年),270頁。
*15 鹿島平和研究所編,西村熊雄著『日本外交史 第27巻―サンフランシスコ平和条約―』(鹿島研究所出版会,1971年),178頁。
*16 鹿島守之助『日本の外交―過去と現在―』(鹿島研究所出版会,1967年),67頁。なお,「インドとは五二年六月平和条約が締結されたが,ビルマとは交渉が遅延し,五四年十一月賠償協定とともに平和条約が締結された」(同上)。
*17 坂元,前掲論文「独立国の条件」五百旗頭編,前掲書『戦後日本外交史』〔第3版補訂版〕,71頁。
*18 佐々木,前掲書『サンフランシスコ講和』,45-46頁。
*19 『毎日新聞』2013年4月17日,11面。
*20 『朝日新聞』2013年4月29日,1面。
*21 『毎日新聞』2013年4月17日,11面。最終的に,「奄美は1953年12月に,小笠原は68年6月に,沖縄は72年5月に日本に復帰」することとなる(同上)。
*22 『朝日新聞』2013年4月29日,1面。
*23 同上,2014年2月9日,4面。
*24 『読売新聞』2018年6月26日(夕),13面。
*25 有賀貞「講和後の日米関係」細谷千博・本間長世編『日米関係史』〔新版〕(有斐閣,1991年),89-90頁。
*26 五十嵐武士「戦争と占領――一九四一－－一九五一――」細谷千博編『日米関係通史』(東京大学出版会,1995年),175頁。
*27 なお,チェコスロヴァキアとは,1957年5月8日,「日本国とチェッコスロバァキア共和国との間の国交回復に関する議定書」の発効によって,国交が回復している。
*28 https://www.mofa.go.jp/mofaj/area/poland/jp_90/index.html (2018年6月28日)。なお,「日本・ポーランド両国政府は,両国の友好関係をより一層強化するため,2009年の『日本・ポーランド国交樹立90周年』に際し,双方の幅広い関係者の参加・協力を得ながら各種交流事業を実施」したようである(同上)。

第14回 242回目のバースデー

(2018年7月6日)

「お誕生日，おめでとうございます」ということばから，今日はスタートしたい。なぜなら，2018年7月4日に，米国は242回目のバースデーを祝ったからだ。周知のように，米国は，1776年7月4日に，独立宣言をだし，この日をアメリカ合衆国誕生の日としている。「人類の歴史において，ある国民が，他の国民とを結び付けてきた政治的なきずなを断ち切り，世界の諸国家の間で，自然の法と自然神の法によって与えられる独立平等の地位を占めることが必要となったとき，全世界の人々の意見を真摯に尊重するならば，その国の人々は自分たちが分離せざるを得なくなった理由について公に明言すべきであろう」という文言からはじまる独立宣言＝「1776年7月4日第2回大陸会議により採択　13のアメリカ連合諸邦による全会一致の宣言」には，つぎのような記述がみられる[*1]。

> われわれは，以下の事実を自明のことと信じる。すなわち，すべての人間は生まれながらにして平等であり，その創造主によって，生命，自由，および幸福の追求を含む不可侵の権利を与えられているということ。こうした権利を確保するために，人々の間に政府が樹立され，政府は統治される者の合意に基づいて正当な権力を得る。そして，いかなる形態の政府であれ，政府がこれらの目的に反するようになったときには，人民には政府を改造または廃止し，新たな政府を樹立し，人民の安全と幸福をもたらす可能性が最も高いと思われる原理をその基盤とし，人民の安全と幸福をもたらす可能性が最も高いと思われる形の権力を組織する権利を有するということ，である。

上記の内容について，日本の米国研究の祖とされる高木八尺は，「之を以て米国革命思想の精髄と称することが出来る。之疑もなく『独立宣言』の最重要部であって，宣言書の中恒久の価値ある其の核心とも称すべきものである」と，きわめてたかい評価をあたえている[*2]。それゆえ，トマス・ジェファソンが執筆した独立宣言は，「當時のアメリカ人の思想の結晶」[*3]や「アメリカ民主主義思想の古典」[*4]とよぶにふさわしいものであろう。56人（ジョージア：3人，ノースカロライナ：3人，サウスカロライナ：4人，マサチューセッツ：5人，メリーランド：4人，バージニア：7人，ペンシルベニア：9人，デラウェア：3人，ニューヨーク：4人，ニュージャージー：5人，ニューハンプシャー：3人，ロードアイランド：2人，コネティカット：4人）が署名した独立宣言であるが[*5]，なかでも，「ジョン・ハンコックは議長として健筆を振って之に署名した」ことで知られている[*6]。

　ちなみに，米国を独立にまでいたらしめたのは，トマス・ペインのあらわした『コモン・センス』であったといわれる。たとえば，齋藤眞・東京大学名誉教授は，「独立の大きな心理的障害となったのはイギリス国王への忠誠あるいはイギリス国民としての帰属感であった」としたうえで，「この忠誠と帰属感とを見事に断ち切る役割を果したのが，トマス・ペイン（Thomas Paine）が一七七六年に著わしたかの有名な小冊子『コモン・センス』（Common Sense）にほかならない」と述べている[*7]。ペインによる「この小冊子は，1776年1月に発行され，約3カ月間に12万部を売りつくしたといわれる」もので，「イギリス帝国からの離脱こそが常識（コモン・センス）であると説かれていた」[*8]。現に，ペインは，「公然の断固とした独立宣言以外には，現在の事態を速やかに解決できる道はないのだ」と断言している[*9]。

　イギリスからの独立をはたした米国は，独立直後の段階から，「すでにアメリカ合衆国の名称を用いていたが，まだ一個の独立国家ではなく，諸州の連合体に過ぎなかった」。「アメリカの州はStateと呼ばれるが，Stateはもともと国家を意味する語である」ことからもわかるように，「独立宣

言によってイギリス本国から独立したのも，一三の『国家』にほかならなかった。これら一三の『国家』はそれぞれ独自の憲法を持ち，首長（Governorと呼ばれた）と議会から成る独自の政府を備えていた」のだ*10。そのため，1788年に発効した「憲法の下で形成されたのは，従来のような国家の連合でもなく，さりとて単一の国家でもなく，各ステイトにもある程度の国家性を保持させつつ，USAも国家にするという二重国家の構造，すなわち連邦国家であったのである」*11。もっとも，「憲法制定というと，日本ではすでに国家が存在しており，それを前提にして憲法を制定するといった状況を想像しやすいが，アメリカにおいては，アメリカ合衆国という新国家の発足と連邦憲法制定は同一行為であり，個々の邦の側からみれば，憲法を批准することは，アメリカ合衆国という新しい国家に加わる決断を下すことを意味していた」ことを付言しておきたい。

　ちなみに，「合衆国憲法制定の直接の要因はシェーズの反乱であったとされる」が，このシェーズの反乱は，1786年に，「債務者が他の州よりも不利な立場に置かれていたマサチューセッツ」でおこったもので，「多くの債務者が参加した」。この反乱の背景には，「小農民・債務者層と商工業者・債権者層との間の対立激化があった。各邦の議会において小農民を基盤とする急進派が多数を占め，紙幣の増発などのインフレーション政策，あるいは債務返済の猶予を実施したことは，債権者の利益や権利を著しく損なうものであり，経済秩序を不安定にした。強力な中央政府が存在しないことに起因する通貨制度の統一の欠如や貿易規制の無力化は，商工業者の富の追求を困難にしていた。そのため，債権者や商工業者は強力な中央政府の樹立と，それに必要な憲法の制定とを熱望していた」というわけである*12。

ワシントンのことば

　ところで，米国の初代大統領となったのが，ジョージ・ワシントンであった。ワシントンは，独立戦争時の総司令官であり，連邦憲法制定会議の

議長をつとめた人物である。「一七八九年四月六日，ワシントンは大統領選挙人の全員一致の投票をもって初代大統領に選出され，四月三十日，ニューヨークにおいてアメリカ合衆国最初の大統領就任式がとり行なわれた。ここにアメリカ合衆国は名実ともに国家として発足する」こととなる[*13]。なお，「最初は具体的なことは何も決定していなかったから，新政府はすべてを最初からはじめなければならなかった。たとえば大統領の公式の呼称も決まっていなかったが，これはワシントンの裁決によって『ミスター＝プレジデント』と呼ぶことになり，特別の尊称を設けなかった。このように新政府はすべてを無からはじめなければならなかった」という[*14]。

この初代大統領ワシントンがおこなったとされるのが，告別演説である。告別演説については，「しばしば彼が演説したように伝えられているが，そうではない」のであって，現実には，「ワシントンは一七九六年九月一九日のフィラデルフィアの『デイリー＝アメリカン＝アドヴァタイザー』という新聞に，いわゆる辞任のことばをのせた」ようだ[*15]。発表の形態はどうであれ，この告別演説において，ワシントンは，以下のように語ったのである[*16]。

> 外国勢力の陰謀に対して，（同胞の皆さん，信じてほしい）自由な人民は絶えず警戒を怠ってはなりません。なぜなら歴史と経験に照らして外国勢力が共和政府の最も有害な敵であることは明らかです。しかし，その警戒が有効であるには，中立的でなければなりません。……
>
> 諸外国に関するわれわれの行動の一般原則は，通商関係を拡大するにあたり，できるかぎり，政治的結びつきをもたないようにすることであります。すでに結んでしまった約束に限り，全面的に信義をもって果たさねばなりませんが，それだけで止めておくべきであります。
>
> 隔離されたわれわれの位置は，異なったコースをとるように向かわせ，またそれを可能にするのです。もし，われわれが有能な政府のもとで，一国民として存続するなら，外部の禍からくる重大な挑戦に対抗し，……戦

争か平和かを選ぶ，そうしたときが，そう遠くない時期に到来するでありましょう。
　どうしてこのような外国の地に対する特殊な位置の利点を捨てるのでしょうか。どうしてわれわれ自身の立場をすてて，外国の立場に立とうとするのでありましょうか。どうして，われわれの運命をヨーロッパのどこかの運命と織り合わせ，われわれの平和と繁栄とを，ヨーロッパの野心，敵対，利害，気分，気紛れの網のなかに絡ませることがありましょうか。……

ここで，「ワシントンが指摘しているように，幸いにも，米国は，列強のひしめくヨーロッパ大陸とは，大西洋によってへだてられていた。こうした地理的な条件も手伝って，米国はヨーロッパ列強による権力闘争から一定の距離をおくことができた」のだ。しかも，「当時の米国は，イギリスから独立してまもない時期であり，十分な軍事力を有していなかった。それゆえ，万一，ヨーロッパ列強の争いにまきこまれた場合，米国はなんらなすすべのない状態だったのである。したがって，ワシントンは現実的な判断から，孤立主義政策の存続を訴えた」わけである。こうした「現実政治にもとづく行動にくわえて，米国には，独立時の崇高な理念がいきづいていた。それは，ヨーロッパの国々の政治体制が依然として君主制であり，道徳的にも腐敗しているのに対して，新生米国は，共和制のもとで，きわめて進歩的な国家として発展しているという自負であった。この自負心から，米国は，ヨーロッパ列強との交わりを回避しよう」とつとめた。かくして，「米国は，ヨーロッパの宮廷外交とは異なる，独特な外交を展開することとなった」[*17]。

このように，「ワシントンはその『告別の辭』に於て，一七九六年に合衆國の執るべき外交政策の方針を明確にしたのであって，後に宣布されたモンロー主義と共に，これ以後永く合衆國外交政策を方向づける礎石をすえたのである」[*18]。その「モンロー・ドクトリン」が表明された時代状況は，

「ナポレオン戦争中にスペインが一時フランスに征服される事態が発生」していて，「スペイン領植民地であった中南米地域は1810年代から20年代にかけて続々独立を宣言していった」ものの，「ナポレオンの失脚後にスペインが復興し，神聖同盟の下で中南米に再干渉する」ようになっていた[19]。そうしたなか，1823年12月2日に，ジェイムズ・モンロー第5代大統領の7回目の年次教書で表明されたのが，「モンロー・ドクトリン」であり[20]，「アメリカがヨーロッパの問題に干渉しない代わりに，ヨーロッパ列強もアメリカ大陸に干渉しないことを求める」もので，「この宣言は中南米諸国の独立へのアメリカの支持声明であるとともに，西半球をアメリカの勢力圏としたい意向の最初の表明ともなった」ことで知られる。さきにみた「ワシントン大統領が辞任演説で表明した西欧列強との非同盟政策の再確認という意味も持ち，以来，アメリカの『孤立主義』外交の原点となった」のだ[21]。なお，「モンロー声明当時，アメリカはヨーロッパ諸国による西半球への干渉を阻止する力はなかった。アメリカが自らたいした軍備をもたずにモンロー主義への挑戦をほとんど受けないですんだ大きな理由は，大西洋の海上権を握っていたイギリスがラテン・アメリカ諸国の独立を支持し，自らは西半球で政治的支配を拡大する意図をもたなかったことにある」といえよう[22]。

　いずれにせよ，「アメリカ合衆国はヨーロッパ列強の干渉から自らを守り，アメリカ大陸あるいは西半球において，そのヘゲモニーを握ることになる。しかしここで注意しなければならないのは，このようなアメリカ合衆国のヘゲモニーの達成が，単にヨーロッパも含めた当時のパワー・ポリティックスの結果であっただけではなく，それがアメリカ大陸にヨーロッパとは異なった政治体制，社会体制をきずこうとする体制的発想，あるいはイデオロギー的発想によって裏付けられている点であろう。その点，モンロー宣言自体の中に，旧世界＝旧体制＝神聖同盟＝専制と，新世界＝新体制＝自由という対比的イメイジを読みとることはそれほど困難ではない（この点はやがてのちの『明白な運命』論（Manifest Destiny）の中に受け継が

れていくことになるであろう)」のだ*23。この「明白な運命」論とはどのようなものなのであろうか。これは，1845年に，「テキサス併合反対論に対する反論として書かれた」，ジョン・L・オサリヴァンの「併合論」という論文のなかででてきたことばであるが，この「『明白な運命』論は，一地域一時代をこえて，領土の併合や勢力の拡張を正当化するイデオロギーとして，一八四〇年代のオレゴンやメキシコ領カリフォルニアなどの併合の場合にも，また一九世紀末の帝国主義的海外進出の際にも，用いられた」もので，「モンロー宣言には明文化されていなかった西半球への干渉主義，拡張主義が，ここでは『神意』や『一般法則』として正当化されている」*24。かくして，米国は孤立主義を外交の基調としつつも，「明白な運命」の名のもと，弱小国に対しては，帝国主義的な行動をとっていくのである。

米国外交の大転換

では，米国が現在のような国際主義へと舵をきったのはいつごろのことであろうか。その萌芽は，ウッドロー・ウィルソン第28代大統領の治世にみられる。第一次大戦の勃発という事態に直面した「アメリカにとって，ヨーロッパでの大戦に対する態度を決めるには，極度の慎重さが必要とされた」。なぜなら，米国は，「ヨーロッパの異なった国々からの移住者によって構成されている」からであり，「ウィルソンが，大戦勃発と同時に，『合衆国は名実ともに中立でなければならない』と強調したのも，その表れであった」とみてよかろう。そのため，「アメリカの参戦は，ヨーロッパでの開戦から2年半以上経過してからのこと」であった*25。第一次大戦の終結にあたって，ウィルソンは国際連盟の創設をかかげた。だが，「孤立主義の伝統になれてきた人々は，連盟への加入によってアメリカの利益が損われるのではないかと心配した」。そうしたなか，「条約を審議する上院では，一九一八年の中間選挙で共和党が勝ったため，外交委員長の地位は

共和党のヘンリー＝Ｃ＝ロッジが占めていた。ウィルソンに好感をもたないロッジは条約承認に重大な留保を付けることによってウィルソンを窮地に陥れようとした」ことからもわかるように*26，当時の米国内において，少なからず，孤立主義的な雰囲気があったことも忘れてはならない。前出の齋藤によれば，「一九二〇年代はしばしば孤立主義の時代だといわれる。たしかに，アメリカが自分で提案した国際連盟に加入しなかったことは，アメリカは第一次大戦に熱狂的に参加したが，戦争が終わるとアメリカ大陸のことに専念し，他国のことには関心をもたなくなったという印象を与える。事実，『平常への復帰』のスローガンのもとで，アメリカ国民の心情が孤立主義にかたむいたことは否定できない。しかし，孤立主義的なムードが支配的であったことが，ただちに孤立主義的な政策がとられたことを意味するものではない」ということだ*27。

　孤立主義をすて去り，国際主義へとシフトする兆候がみえはじめたのは，「第二次大戦が勃発し，フランスが敗北してから」のことで，「フランクリン・Ｄ・ローズヴェルト大統領ら政府指導者も有識者の多くもドイツの脅威を意識し，それに対処するためにアメリカの力を用いる必要を痛感するようになった」ためだ。だが，「国民を説得して参戦に導くためには，戦後に期待される平和な世界の構図を提示する必要があった」こともあり，「ローズヴェルトは戦後の世界において保障されるべき『四つの自由』」を語ったのだ*28。もっとも，「第二次大戦勃発後もアメリカ人が孤立主義の影響を脱するためには，時間がかかった」のであって，1941年の日本による真珠湾への「明らかな攻撃を受けて参戦したアメリカ人は孤立主義はやはり誤りであったと覚り，国際主義の信奉者となった」。米国人にとって，「国際連合への参加は国民の圧倒的な支持を受けた」もので，「枢軸国を打ち破り，国際連合を中核とする国際秩序を建設すれば，平穏な世界が出現するであろうと期待した」にちがいなかった*29。しかも，「アメリカは冷戦時代に入って軍事大国となるが，戦時中からそうした意図をもっていたとは必ずしも言えない。ナチスドイツを打ち負かし，民主化の実現するこ

とを見極めた上で，あとはヨーロッパのことはヨーロッパの戦勝国に任せて，アメリカ自身は手を引きたいとの衝動が存在していた」のだ。現に，1945年の「ヤルタ会談の最中，ローズヴェルト大統領はアメリカ軍を一─二年でヨーロッパから撤退させる旨述べていた」ことがそれを証明している*30。しかし，世界がそれを許さず，米国は「世界の警察官」へと変貌していくのである。

注

- *1　https://americancenterjapan.com/aboutusa/translations/2547/（2018年6月30日）。
- *2　高木八尺『高木八尺著作集─アメリカ史Ⅰ─』〔第1巻〕（東京大学出版会，1970年），209頁。
- *3　高木八尺「獨立宣言（一七七六年七月四日）」アメリカ學會訳編『原典アメリカ史』〔第二巻〕（岩波書店，1951年），185頁。
- *4　松本重治「アメリカ民主主義思想の原型」松本重治責任編集『世界の名著　33─フランクリン　ジェファソン　ハミルトン　ジェイ　マディソン　トクヴィル─』（中央公論社，1970年），9頁。
- *5　https://americancenterjapan.com/aboutusa/translations/2547/（2018年6月30日）。
- *6　高木，前掲「獨立宣言（一七七六年七月四日）」アメリカ學會訳編，前掲書『原典アメリカ史』〔第二巻〕，185頁。
- *7　齋藤眞『アメリカ政治外交史』（東京大学出版会，1975年），30頁。
- *8　久保文明『アメリカ政治史』（有斐閣，2018年），7頁。
- *9　トーマス・ペイン著，小松春雄訳『コモン・センス　他三編』（岩波書店，1976年），84頁。
- *10　阿部齊「連邦制と地方自治」阿部齊編『アメリカの政治─内政のしくみと外交関係─』（弘文堂，1992年），2頁および14頁。
- *11　斎藤眞「権力分立制の下の大統領職」五十嵐武士・古矢旬・松本礼二編『アメリカの社会と政治』（有斐閣，1995年），5-6頁。
- *12　久保，前掲書『アメリカ政治史』，13頁および17-18頁。
　　もっとも，「合衆国憲法の制定が単にこうした特定勢力の利益にとってのみ必要であったとみることはできない。連合の時代のアメリカは，連合会議の無力さゆえに，対内的にも対外的にも広範にして深刻な危機に直面していたのである」（同上，

＊13　齋藤，前掲書『アメリカ政治外交史』，53頁。
＊14　清水博「貴族の民主政」清水博編『アメリカ史―世界各国史８―』〔増補改訂版〕（山川出版社，1986年），90頁。
＊15　同上，98頁。
＊16　池本幸三「ワシントンの告別演説（一七九六年）」大下尚一・有賀貞・志邨晃佑・平野孝編『史料が語るアメリカ』（有斐閣，1989年），64頁。
＊17　浅野一弘『日米首脳会談の政治学』（同文舘出版，2005年），199-200頁。
　　　こうして，「建国当初に確立された孤立主義の考え方は，米国がヨーロッパ列強と同程度の軍事力を有するようになっても，維持されつづけた」（同上，200頁）。
＊18　小池偉雄「ジョージ・ワシントン『告別の辭』（一七九六年）」アメリカ學會訳編，前掲書『原典アメリカ史』〔第二巻〕，451頁。
＊19　油井大三郎「アメリカの世紀はどう創られたのか―世界の中のアメリカ―」有賀夏紀・油井大三郎編『アメリカの歴史』（有斐閣，2003年），293頁。
＊20　https://americancenterjapan.com/aboutusa/translations/2393/（2018年6月30日）。
＊21　油井，前掲論文「アメリカの世紀はどう創られたのか」有賀・油井編，前掲書『アメリカの歴史』，293頁。
＊22　有賀貞「アメリカ外交の伝統と特徴」有賀貞・宮里政玄編『概説アメリカ外交史』〔新版〕（有斐閣，1998年），6-7頁。
＊23　齋藤，前掲書『アメリカ政治外交史』，71-72頁。
＊24　富田虎男「ジョン・L・オサリヴァン『併合論』（一八四五年）」大下・有賀・志邨・平野編，前掲書『史料が語るアメリカ』，88頁。
＊25　久保，前掲書『アメリカ政治史』，90頁。
＊26　有賀貞「革新主義と帝国主義」清水編，前掲書『アメリカ史』〔増補改訂版〕，262頁。
＊27　齋藤眞『世界現代史32―アメリカ現代史―』（山川出版社，1976年），131頁。
＊28　有賀，前掲論文「アメリカ外交の伝統と特徴」有賀・宮里編，前掲書『概説アメリカ外交史』〔新版〕，16頁。
　　　４つの「普遍的自由とは，言論と表現の自由，すべての個人がそれぞれの方法で神を礼拝する自由，欠乏からの自由，そして恐怖からの自由である」（https://americancenterjapan.com/aboutusa/translations/2383/〔2018年6月30日〕）。
＊29　有賀貞『アメリカ政治史』（福村出版，1985年），32頁。
＊30　石井修「アメリカ外交の流れ」阿部編，前掲書『アメリカの政治』，176頁。

第15回 「国権の最高機関」としての国会

(2018年7月13日)

　日本国憲法・第43条には,「両議院は,全国民を代表する選挙された議員でこれを組織する」と明記されている。これは,「議員というのは,全国民のかわりになって,国会の中で,はたらく人たち」ということを意味している。要するに,「千葉県からでたから,千葉県民のために働く。労働者の間から選挙されたから,労働者のために働く。じぶんは商人だから商人たちの利益のために働く。──こういうことだけではいけない」ということになる。だからこそ,「参議院の議員も,衆議院の議員も,全国民を代表するような人を選挙してきめる」必要があるのだ[*1]。このように,「国会議員は一地域の代表でなく全国民の代表であるとする,いわゆる国民代表の考え方は一八世紀の英国の政治家で,保守主義を最初に理論づけた政治思想家でもあるエドマンド・バークによって唱えられたといわれる」。だが,こうした見方に対して,「『国会議員は国民全体の代表者である』,『国会議員は全体の奉仕者である』とする代表観は,憲法が理念として描く国会議員像であって,現実がそれとしばしば異なる」といった意見や「タテマエ（理念）では全国民の代表といいながら,ホンネ（現実）では地元利益のために働くのが政治家の実態である」とする見解が存在することもまた,事実である[*2]。

　こうした「地元利益のために働くのが政治家の実態」であって,地元選出の国会議員が不可欠との意識を読みとることのできる動きがある。それが,「2016年参院選から導入された『鳥取・島根』『徳島・高知』の合区で,選挙区に候補を出せなくなった県の候補を救済する狙い」から登場してきた「特定枠」である。周知のように,「現行の比例選は非拘束名簿式を採用しており,有権者は党名か個人名のいずれかで投票する。各党が獲得し

た党名票と個人名票の合計に応じて議席が割り振られ，各党内で個人名票が多い順に当選する」しくみとなっている。第196回国会（常会）に提出された，「自民党の公職選挙法改正案」は，「参院選の比例選の一部に拘束名簿式を導入し，優先して当選する『特定枠』を設ける」というもので，「特定枠の候補は個人名の得票数に関係なく，党が決めた順位に従って他候補に優先して当選する」こととなる。「比例選の定数が４増する」という点に関して，連立与党の公明党からも，「１票の格差是正とは関係ない比例選の定数をなぜ増やすのか相当疑問がある」（西田実仁・参議院幹事長）との声が提起されているのだ＊３。『毎日新聞』の「社説：参院『合区』救済法案　仲裁を拒む議長の不見識」も，「合区に問題があるからといって，比例代表の定数を増やして『特定枠』を設けるというのは『裏口入学』を認めるようなものだ」とまで断じていた＊４。

　ただたんに，「理念として描く国会議員像」との声があるかもしれないが，国会の構成メンバーが，「全国民を代表する選挙された議員」であるからこそ，日本国憲法・第41条にある，「国会は，国権の最高機関であつて，国の唯一の立法機関である」との文言がみちびきだされるのではなかろうか。ここでいう，「国会が，『国権の最高機関』だというのは，国会議員が主権者たる国民によって選任され，したがって，国会は国民を直接に代表する国家機関だと考えられる，という意味である。日本国憲法では，主権は国民に存するが，国民は，『正当に選挙された国会における代表者を通じて行動』するのを原則とする。したがって，主権者たる国民を直接に代表する国会は，多くの国家機関のうちで，いちばん高い地位にあると考えなくてはならない。国会が『国権の最高機関』だというのは，かような意味である」と，憲法学者の宮沢俊義は述べている＊５。また，おなじ憲法学者の芦部信喜によると，「憲法四一条は，『国会は，国権の最高機関であ』ると定める。『最高機関』とは，国会が主権者である国民によって直接選任され，その点で国民に連結しており，しかも立法権をはじめ重要な権能を憲法上与えられ，国政の中心的地位を占める機関である，ということを

強調する政治的美称である」にすぎないと断じている[*6]。

このように，日本では，国会を中心として，政治がおこなわれる。とはいえ，中学校でならった三権分立ということばにあるように，国会だけがすべての権限を有しているわけではない。日本国憲法をみると，前出の第41条の記述──「国会は，国権の最高機関であつて，国の唯一の立法機関である」──のほかに，「行政権は，内閣に属する」（第65条）と「すべて司法権は，最高裁判所及び法律の定めるところにより設置する下級裁判所に属する」（第76条1項）との規定がある。つまり，日本においては，立法権＝国会，行政権＝内閣，司法権＝裁判所という構図になっている。中学校の教科書の「三権分立」の解説では，「国の権力は強制力をもっているので，それが一つの機関に集まるととても大きな力となり，濫用されると国民の自由をおびやかすことになりかねません。そこで，国の権力は立法，行政，司法の三つに分けられ，それぞれ国会，内閣，裁判所という独立した機関が担当しています」との記述がなされている。そして，「三権はそれぞれが互いに抑制し合い，均衡を保っています（チェックアンドバランス）。国による行きすぎた権力の行使を防ぎ，バランスのとれた政治を実現することで，国民の自由と権利を保障しようとしているのです」との説明も付されている[*7]。

三権分立とは？

では，日本国憲法には，三権のあいだの"抑制と均衡"（＝チェック・アンド・バランス）について，具体的にどのような条文がもりこまれているのであろうか。まず，国会と内閣との関係からみていこう。第67条1項で，「内閣総理大臣は，国会議員の中から国会の議決で，これを指名する。この指名は，他のすべての案件に先だつて，これを行ふ」（さらに，第6条1項には，「天皇は，国会の指名に基いて，内閣総理大臣を任命する」ともある）とし，第69条で，「内閣は，衆議院で不信任の決議案を可決し，

又は信任の決議案を否決したときは，十日以内に衆議院が解散されない限り，総辞職をしなければならない」と定めている。ということは，国会は内閣総理大臣を指名できるとともに，衆議院においては，内閣の不信任決議をおこなえるのだ。それに対して，内閣の側では，前出の第69条にあるように，衆議院を解散することが可能である。くわえて，「内閣は，行政権の行使について，国会に対し連帯して責任を負ふ」（第66条3項）こととなっているし，「国会を召集すること」（第7条2号）が「内閣の助言と承認」による天皇の国事行為として規定されている（第7条）。これが，国会と内閣とのあいだの抑制と均衡の具体例である。

　つぎに，国会と裁判所とのあいだをみてみよう。ここでは，第64条1項の「国会は，罷免の訴追を受けた裁判官を裁判するため，両議院の議員で組織する弾劾裁判所を設ける」ことと，国会でつくられた法律に関連して，「最高裁判所は，一切の法律，命令，規則又は処分が憲法に適合するかしないかを決定する権限を有する終審裁判所である」（第81条）とする違憲立法審査権をあげることができる。

　そして，内閣と裁判所のあいだでは，「天皇は，内閣の指名に基いて，最高裁判所の長たる裁判官を任命する」（第6条2項）ことや「最高裁判所は，その長たる裁判官及び法律の定める員数のその他の裁判官でこれを構成し，その長たる裁判官以外の裁判官は，内閣でこれを任命する」（第79条1項）といった文言，さらには，「下級裁判所の裁判官は，最高裁判所の指名した者の名簿によつて，内閣でこれを任命する。その裁判官は，任期を十年とし，再任されることができる。但し，法律の定める年齢に達した時には退官する」（第80条1項）という規定は，三権分立の図のなかで，内閣から裁判所にのびている矢印の説明である。そして，裁判所から内閣への矢印としては，前出の日本国憲法・第81条の違憲審査権（法令審査権）や「特別裁判所は，これを設置することができない。行政機関は，終審として裁判を行ふことができない」（第76条2項）との行政訴訟の終審裁判を指摘できる。

国民との関係でいうと、おのおの、国会に対しては「選挙」が、裁判所に対しては「国民審査」がある。高等学校で使用される『政治・経済』の教科書によると、前者の場合、「公務員の選挙については、成年者による普通選挙を保障する」（第15条3項）と「選挙区、投票の方法その他両議院の議員の選挙に関する事項は、法律でこれを定める」（第47条）が根拠となり、後者のケースでは、「最高裁判所の裁判官の任命は、その任命後初めて行はれる衆議院議員総選挙の際国民の審査に付し、その後十年を経過した後初めて行はれる衆議院議員総選挙の際更に審査に付し、その後も同様とする」（第79条2項）と「前項の場合において、投票者の多数が裁判官の罷免を可とするときは、その裁判官は、罷免される」（3項）があがっている。ただし、国民から内閣への矢印に書かれている「世論」については、日本国憲法上の条項について、なにも記されていないことを付言しておこう[*8]。

　ちなみに、三権分立ということばを聞くと、思いだす人物がいるのではなかろうか。シャルル＝ルイ・ド・スコンダである。この名前を聞いて、疑問符が頭のなかにいくつも浮かんでいる方がほとんどであろう。高校の教科書をみても、このような名前はのっていないからだ。たとえば、『現代社会』のテキストをみると、そこには、「フランスのモンテスキューは『法の精神』のなかで三権分立を主張し、権力分立論を確立した」と書かれているにすぎない[*9]。じつは、われわれが学生時代に覚えた「モンテスキューは領地の名前」であって、「本名はシャルル＝ルイ・ド・スコンダ」というそうだ。もともと、「法服貴族の家に生まれ、ラ・ブレードとモンテスキューの男爵の地位を相続した」ことで、モンテスキューとよばれるようになったという。このモンテスキューが、「権力を抑制するのは別の権力のみであると主張し、立法権と執行権に加え、司法権に着目することで近代的な三権分立論へと道を開いた」わけである[*10]。『法の精神』のなかで、モンテスキューは以下のように述べている[*11]。

各国家には三種の権力，つまり，立法権力(la puissance législative)，万民法に属する事項の執行権力および公民法に属する事項の執行権力がある。
　第一の権力によって，君公または役人は一時的もしくは永続的に法律を定め，また，すでに作られている法律を修正もしくは廃止する。第二の権力によって，彼は講和または戦争をし，外交使節を派遣または接受し，安全を確立し，侵略を予防する。第三の権力によって，彼は犯罪を罰し，あるいは，諸個人間の紛争を裁く。この最後の権力を人は裁判権力（la puissance de juger）と呼び，他の執行権力を単に国家の執行権力（la puissance exécutrice）と呼ぶであろう。

わたしたちの頭のなかでは，「三権分立＝モンテスキュー」という等式ができあがっているが，じつは，「無論，権力分立の考え方はロックにおいて既に出てはいる」との意見もある。ただし，「ロックの場合，権力を三分はしていたが明らかに立法権が優位して，いわば主権的地位を占めていた」というちがいがある。だが，「モンテスキューではそういう上下関係はなく，機構論としてずっと精密に仕上げられている」点で注目されるのだ[*12]。

アリストテレスも注目した権力分立？

　また，「統治機構を三部門に分けることは，すでにアリストテレスに見られるところ」との指摘もある[*13]。それは，アリストテレスが，著書『政治学』のなかにおいて，つぎのように記しているからである[*14]。

　　実際，あらゆる国制には三つの部分があり，すぐれた立法者はその三つの部分との関連のもとで，それぞれの国制にとって何が有益であるのかを研究しなければならないのである。これらの各部分がよくできていれば，必然的に国制もよくできていることになり，これらの各部分に違いがある

ことによって，必然的に国制も互いに違ったものとなる。国制の三つの部分のうち，第一は公共の問題についての審議にかかわる部分であり，第二は公職にかかわる部分である（そこでは，公職はどのようなものであるべきか，何に関して権限をもつべきか，公職者の選出はどのようにして行うべきかということが問題となる）。第三は法廷にかかわる部分である。

　このように，権力分立的な考え方は，すでにアリストテレスの時代に提示されているものの，「機構論としてずっと精密に仕上げられている」という点において，モンテスキューの考え方はすぐれていたようだ。それゆえ，われわれは，「三権分立＝モンテスキュー」という等式を頭のなかに有しているのである。つぎに，モンテスキューは，「それぞれの権力を誰に担わせる」ことを想定していたのかについて考えてみよう。「立法権についてモンテスキューは両院制を主張した。それは貴族院・貴族団と国民代表とから成り立つ立法機関の主張であった」。また，「行政権は一人の君主に委ねる。そして立法部を召集する権利と立法に対する拒否権を君主に与える」ことを考えていた。最後の「司法権は立法権や行政権から独立していることを求めかつ仲間裁判，陪審制を主張した」というのだ。さらに，「三つの権力を区別しそれを別々の人間の手に委ねることは，ある権力だけが徒らに強くならないように三つの権力が互いに牽制し合うことでそれぞれの権力の間に均衡をとり，それによって自由が守られる」ということを思い描いている[*15]。

　この「モンテスキューの議論をアメリカに移し替え，本格的な三権分立に基づく制度を設計し，実現させた」のが，「（ジェームズ・）マディソンをはじめとする，連邦派と呼ばれる憲法草案起草者たちであった」（カッコ内，引用者補足）。ちなみに，「マディソンらのアイデアは，行政府（内閣）の存立が立法府（議会）の信任に基づくというかたちをとるイギリス型の議院内閣制とは異なり，行政府（大統領）と立法府（議会）との間に厳格な権力分立を実現することをめざすものであった」[*16]。具体的には，「ア

メリカの大統領制のもとでは，行政府の長である大統領と立法府である連邦議会の議員がともに国民の選挙によって選出される」ことで，「厳格な三権分立制が維持され，行政府と立法府とは相互に独立している」のだ。それゆえ，「行政府の側は，議会に対して直接，議案を提出できない」し，「原則として大統領や政府職員が議会に出席・発言することもない（証人として出席を求められた場合は別である）」のである[17]。しかも，米国の場合の「権力制限の原則」の特徴としては，「抑制均衡のための三権分立制」だけでなく，「権力の地域分散としての連邦制」を採用している事実にも注目しなければならない。実際，「アメリカ合衆国憲法は，連邦政府の権力の及ぶべき範囲それ自体を明確に列挙している」のであって，「連邦政府は合衆国憲法に列挙された権限しか行使できないのである」[18]。

注

[1] 宮沢俊義・国分一太郎『わたくしたちの憲法』〔新装改訂版〕（有斐閣，1983年），136頁。

[2] 金指正雄「国会議員は何をしているか」浅野一郎編『国会入門』（信山社，2003年），62頁および64頁。
　エドマンド・バークは，「議会は決して多様な敵対的利害関係を代表する使節団から成るところの，そしてこの使節各個人はそれぞれが自己の代表する派閥の利害をその代理人ないし弁護人として他の代理人ないし弁護人に対して必ず守り抜かねばならないという種類の，会議体ではない。議会は一つの利害つまり全成員の利害を代表する一つの国民の審議集会に他ならず，―したがってここにおいては地方的目的や局地的偏見ではなくて，全体の普遍的理性から結果する普遍的な利益こそが指針となるべきものである。諸君は確かに代表を選出するが，一旦諸君が彼を選出した瞬間からは，彼はブリストルの成員ではなくイギリス本国議会の成員となるのである。もしも地方的有権者が自己の利害関係にもとづいて，そこでは共同社会の他の構成員の真の利益に反することが一目瞭然である性急な見解を作り上げるならば，その地域から選出される代表は他の地域の代表に少しも劣らず，この種の意図を実現しようとする努力を排除しなければならない」と述べている（エドマンド・バーク著，中野好之編訳『バーク政治経済論集―保守主義の精神―』〔法政大学出版局，2000年〕，164-165頁）。

[3] 『読売新聞』2018年6月9日，4面。

同時に，法案には，「選挙区選の 1 票の格差を是正するため，埼玉選挙区の定数を 2 増」とすることももりこまれている（同上）。

＊4　『毎日新聞』2018年 6 月16日，5 面。
＊5　宮沢俊義『憲法』〔改訂版〕（有斐閣，1962年），221頁。
＊6　芦部信喜『憲法』〔新版　補訂版〕（岩波書店，1999年），263頁。
　参議院法制局長をつとめた浅野一郎は，「『最高』が，『政治的美称』にとどまらず，これに，法的意味を持たせようとするならば（法的意味を持たせたいと思うが），『国会の政治的決定は，他の国家機関の政治的決定に優越する』という法的意味を持たせることはできるのではないかと考える」と述べ，その理由として，「最高裁判所は，『違憲審査にあたり政治的問題の判断は避けるべきである』という考えを導き出すこととなり，国会の内閣における国務総理の統制権の根拠となり，国家基本計画（政治計画）の策定権は国会にあると考える根拠となる」ことをあげている（浅野一郎「国会を考えるために」浅野編，前掲書『国会入門』，9-10頁）。
＊7　中村達也ほか『中学社会　公民―ともに生きる―』（教育出版，2016年），104-105頁。なお，この教科書は，2015年 3 月31日検定済のものである。
＊8　間宮陽介ほか『政治・経済』（東京書籍，2018年），50頁。なお，この教科書は，2017年 3 月 7 日検定済のものである。
＊9　間宮陽介ほか『現代社会』（東京書籍，2018年），59頁。なお，この教科書は，2016年 3 月18日検定済のものである。
＊10　宇野重規『西洋政治思想史』（有斐閣，2013年），130頁および133頁。
＊11　モンテスキュー著，野田良之・稲本洋之助・上原行雄・田中治男・三辺博之・横田地弘訳『法の精神　上』（岩波書店，1987年），211頁。
＊12　福田歓一『福田歓一著作集』〔第三巻〕（岩波書店，1998年），464頁。
＊13　中川剛「権力分立」杉原泰雄編『憲法学の基礎概念Ⅰ』（勁草書房，1983年），190頁。
＊14　アリストテレス著，神崎繁・相澤康隆・瀬口昌久訳「政治学」『アリストテレス全集17』（岩波書店，2018年），231-232頁。
＊15　福田，前掲書『福田歓一著作集』〔第三巻〕，465-466頁。
＊16　井柳美紀「民主政治の起源」川出良枝・谷口将紀編『政治学』（東京大学出版会，2012年），15頁。
　なお，米国の場合，「この憲法によって与えられる一切の立法権は，合衆国連邦議会（Congress of the United States）に属し，連邦議会は上院〔元老院，Senate〕および下院〔代議院，House of Representatives〕で構成される（第 1 条 1 節），「行政権は，アメリカ合衆国大統領に属する。大統領の任期は四年とし，同一任期で選任される副大統領と共に，左の方法で選挙される」（第 2 条 1 節 1

項),「合衆国の司法権は,最高裁判所および連邦議会が随時制定設置する下級裁判所に属する。最高裁判所および下級裁判所の判事は,罪過のない限り (during good Behavior),その職を保ち,またその職務に対し定時に報酬を受ける。その額は在職中減ぜられることはない」(第3条1節)というかたちで,アメリカ合衆国憲法に三権の帰属先が明記されている(アメリカ合衆国憲法の訳文は,斎藤眞「アメリカ合衆国憲法」宮沢俊義編『世界憲法集』〔第四版〕〔岩波書店,1983年〕,33頁,42頁および45頁を引用している)。

*17 大山礼子『国会学入門』〔第2版〕(三省堂,2003年),18-19頁。

　　日本のような「議院内閣制では与党のリーダーによって構成される内閣が法案を準備し,議会に提出するので,必然的に内閣が立法過程をリードするかたちになる。内閣主導の立法過程は,政権交代による大胆な政策変更を可能にするという長所をもつが,反面,議会の立法への影響力を弱める作用もある」。そのため,「議員から提出された法案を委員会で練り上げていくアメリカ連邦議会の立法過程とくらべて,議院内閣制下の議会の立法機能(文字どおりみずから法律をつくる機能)には制約があり,その分,政府対野党の論戦を中心とする審議機能(争点明示機能)に重点が置かれる」こととなるのだ(同上,21頁)。要するに,「アメリカ型の大統領制はほとんど完全な三権の分立を認めるが,イギリス型の議院内閣制はむしろ立法・行政の融合を示す」という特徴がある(竹内昭夫・松尾浩也・塩野宏編集代表『新法律学辞典』〔第三版〕〔有斐閣,1989年〕,381頁)。

*18 阿部齊「連邦制と地方自治」阿部齊編『アメリカの政治—内政のしくみと外交関係—』(弘文堂,1992年),8-9頁。

あとがき

　学者としてのコメントが，はじめて，ラジオの電波にのったのは，2006年3月の電話つなぎであったように思う。記憶は定かでないが，おそらく，在日米軍再編について語ったはずだ。その後，電話つなぎの"試験"に合格（？）したからか，HBCラジオ「夕刊ほっかいどう」のレギュラー・コメンテーターとして，スタジオで語ることはもちろん，2008年には，滞在中の米国から2度にわたって，大統領選挙のレポートをした。番組が，「夕刊おがわ」に衣がえしてからも，定期的にスタジオや電話で話す機会があった。お昼休みにFAXが届き，それからの数時間，汗だくになりながら，資料を熟読し，自分のコメントをパソコンで打っていたことが懐かしく思いだされる。

　そして，2016年4月からの2年間は，STVラジオ「情報アライブ」の金曜パーソナリティとして，専門分野にかぎらず，2時間（2016年度のプロ野球のシーズンオフ時は3時間），スタジオから声を発するという貴重な体験をすることができた。そこでは，夕刊へのコメントだけではなく，自分の大好きなクラシック音楽の魅力を語るチャンスも得た。毎週，北海道内のおいしい特産品を食し，その感想を述べることもした。また，隔週ではあったが，JFN系列の「OH! HAPPY MORNING」にも電話出演し，内政・外交に関するコメントをおこなってきた（2015年10月〜2018年3月）。2週間に1度とはいえ，木曜日の夜，非常勤先の夜間部の授業が終わってから，必死になって，翌朝の発言内容を考えたものである。

　これらのレギュラー番組以外にも，HBCラジオでいえば，「朝ドキッ！」「カーナビラジオ午後一番！」，STVラジオでは，「どさんこラジオ」「のりのりラジオ」「オハヨー！　ほっかいどう」などに，単発で出演する機会を得た。

　こうしたなかで，"話術"をみがいてきたつもりではあるが，聴取者の方々に満足していただけるような内容を語ることができたかについては，ここ

ろもとない。しかしながら，毎回，とにかく，わかりやすく，そして，おもしろくという２つのことだけはこころがけてきたつもりである。これからも，この２つのポイントを忘れず，"やってやって　やりまくれっ！！"の精神で，マイクのまえで語っていきたいと思う。

　最後となったが，今回，出版事情が厳しいなか，このようなかたちで，本書を刊行することができたのは，同文舘出版のおかげである。浅野の単著の刊行については，毎回，同社に無理を聞いていただいている。ただただ，感謝するばかりである。

　　2019年２月

　　　　　　　　　　　　　　　　　　　　　　　　　　　浅野　一弘

索　引

【あ】

アジア太平洋経済協力会議（APEC）…… 28
麻生太郎 …… 33
『あたらしい憲法のはなし』…… 61
アニメ …… 91
安倍昭恵 …… 2
安倍晋三 …… 23, 39, 74
天下り …… 45, 47
アメリカ合衆国憲法 …… 82

池田勇人 …… 124
板垣退助 …… 62
一院制 …… 62
一億総活躍 …… 76
1・1/2政党制 …… 42
イデオロギー …… 93
伊藤博文 …… 59, 62
稲田朋美 …… 32

ウィルソン，ウッドロー …… 135
ウェーバー，マックス …… 12, 18

江副浩正 …… 58

オーウェル，ジョージ …… 3
大隈重信 …… 62
大野伴睦 …… 52
オサリヴァン，ジョン・L …… 135
汚職 …… 44

【か】

外圧 …… 42
会期 …… 113
会期不継続の原則 …… 52
外交演説 …… 114
海部八郎 …… 56

下院 …… 147
革新 …… 40
核兵器 …… 103
籠池泰典 …… 54
片山哲 …… 52
カリスマ的支配 …… 19
完全かつ検証可能で不可逆的な非核化
　（CVID）…… 102, 104
官尊民卑 …… 45
環太平洋パートナーシップ協定（TPP）
　…… 28
カンヌ国際映画祭 …… 89
官僚制 …… 11

議院内閣制 …… 145
木札 …… 116
基本的人権の尊重 …… 32
金正日 …… 103
金正恩 …… 104
牛歩戦術 …… 52
共同記者会見 …… 101
共和制 …… 133
曲学阿世の徒 …… 123
極東 …… 28
極東委員会 …… 120
許認可権 …… 44
金帰火来 …… 115

クールジャパン …… 94
屈辱の日 …… 125
クリントン，ヒラリー …… 88
黒澤明 …… 90
グロムイコ，アンドレイ …… 123
君主制 …… 133

経済演説 …… 114
経済財政諮問会議 …… 45

151

警察予備隊 121
ケナン，ジョージ 120
権力 92

小泉純一郎 39
後援会 36
合区 139
公職選挙法 63
高度プロフェッショナル制度 73
公認権 45
公文書管理法 4, 5, 13
合法的支配 19
国益 25
国際主義 135, 136
国際連合 136
国際連盟 135, 136
国政調査権 54
国内総生産（GDP） 75, 96
告別演説 132
国防族 43
国民主権 4
国民審査 143
国務長官 105
国立公文書館 17
55年体制 42, 49
国会議員 35, 42, 115
国会議事堂 62
国会法 36
国家基本政策委員会 70
『コモン・センス』 130
孤立主義 134-136
コロンバイン高校 81

【 さ 】

財界 41
財政演説 114
歳費 64
財務事務次官 31
財務省 1, 6
佐藤栄作 39

『ザ・フェデラリスト』 86
参議院の緊急集会 112
三権分立 141, 143
参考人招致 53
サンフランシスコ講和会議 119
サンフランシスコ平和条約 40, 123, 124

シェーズの反乱 131
ジェファソン，トマス 130
シエラクラブ 86
市場開放 28
施政方針演説 114
自然休会 110
失言 32
質問主意書 2, 8
衆議院議員 62
参議院議員 63
衆議院議員総選挙 112, 143
衆参同日選挙 116
自由民主党 40
上院 147
常会 109
小選挙区比例代表並立制 45
常任委員会 69
証人喚問 49, 54
常任理事国 107
情報公開法 4, 5
所信表明演説 114
審議拒否 49, 50

鈴木茂三郎 41

政・官・財の鉄の三角形 43
政治学 92
政治資金規正法 65
政党交付金 65
政務次官 43
政務官 46
政令指定都市 15
『世界』 123

世界の警察官	137
瀬長亀次郎	125
尖閣諸島	24
『1984年』	3, 4
選挙区	115
全米ライフル協会（NRA）	81, 83
全面講和	123, 124
総務事務次官	16
族議員	43, 45
ソフト・パワー	93, 96

【　た　】

第一次大戦	135
大統領	147
代表質問	114
大量破壊兵器	99
ダグラス・グラマン事件	56
縦割り行政	96
玉虫色	104, 105
ダレス，ジョン・F	42, 122
チェック・アンド・バランス	141
地方創生	75
地方分権の推進に関する決議	15
中央省庁再編	45, 46
朝鮮戦争	41, 121
超党派外交	122
ディール（取引）	106
定例日	115
デモクラシー	4
伝統的支配	19
特別委員会	69
特別会	112
独立宣言	129
トランプ，ドナルド・J	23, 81
トルーマン，ハリー・S	28
トレンチコート・マフィア	82

【　な　】

ナイ，ジョセフ・S	93, 94
南原繁	123
二院制	59, 62
日米安全保障条約	24, 126
日米首脳会談	23
日ソ共同宣言	127
日本国憲法	32, 37, 141
日本社会党	40, 42
ネガティブ・キャンペーン	88

【　は　】

バーク，エドマンド	139
ハード・パワー	93
働き方改革	71
鳩山一郎	40
派閥	45
パルムドール	89
ハンコック，ジョン	130
非拘束名簿式	139
フィリバスター	50
封じ込め政策	120
副大臣	46, 70
副大統領	147
福田淳一	31
附帯決議	5, 9, 19
普天間飛行場	24
文教族	43
文書通信交通滞在費	64
閉会中審査	53
米国追随外交	107
米国連邦議会	50
米朝首脳会談	99
ペイン，トマス	130

ヘゲモニー ……………………………… 134
ベネチア国際映画祭 …………………… 90
片務性 …………………………………… 126

防衛事務次官 …………………………… 54
『法の精神』 …………………………… 143
「ボウリング・フォー・コロンバイン」
　………………………………………… 81, 82
保守合同 ……………………………… 40, 42
保守主義 ……………………………… 139
細川護熙 ……………………………… 39, 42
ポツダム宣言 ………………………… 119
ホワイトカラー・エグゼンプション …… 73
ホワイトハウス ……………………… 101
本会議 ………………………………… 114
ポンペオ，マイク …………………… 104

【 ま 】

マイノリティ ………………………… 86
マッカーサー草案 …………………… 60
マッカーサー，ダグラス ………… 121, 122
マディソン，ジェームズ ………… 86, 145
「万引き家族」 ……………………… 89

宮沢喜一 ……………………………… 39, 40
民兵 ………………………………… 82, 83, 87

ムーア，マイケル ………………… 81, 82

「明白な運命」 ……………………… 135
免責特権 ……………………………… 35

森友学園 ……………………………… 2, 3
森喜朗 ………………………………… 43
モンロー，ジェイムズ ……………… 134

モンロー・ドクトリン ……………… 134

【 や 】

野党 …………………………………… 50, 51

有権者 ………………………………… 35

抑制と均衡 …………………………… 141
予算委員会 ………………………… 54, 70
吉田茂 ……………………………… 28, 39
世論調査 …………………………… 72, 83

【 ら 】

拉致問題 ………………………… 24, 25, 101

リアリスト …………………………… 93
リーダーシップ ……………………… 25
利益集団 …………………………… 43, 85
リクルート事件 ……………………… 44
立法事務費 ………………………… 65
臨時会 …………………………… 111, 116

レッド・テープ ……………………… 13
連合国 ……………………………… 120
連合国軍総司令部（GHQ） ………… 60

ロッキード事件 ………………… 44, 54, 55
ロビイング …………………………… 85

【 わ 】

ワーク・ライフ・バランス …………… 75
ワールドカップ ……………………… 119
賄賂 …………………………………… 44
ワシントン，ジョージ …………… 131-13

【著者紹介】

浅野　一弘（あさの・かずひろ）
1969年　大阪市天王寺区生まれ
現　在　札幌大学教授，札幌国際大学・東海大学・北海学園大学非常勤講師
専　攻　政治学・行政学

【主要業績】

〈単　著〉※いずれも同文舘出版より発行
『日米首脳会談と「現代政治」』（2000年）
『現代地方自治の現状と課題』（2004年）
『日米首脳会談の政治学』（2005年）
『現代日本政治の現状と課題』（2007年）
『日米首脳会談と戦後政治』（2009年）
『地方自治をめぐる争点』（2010年）
『危機管理の行政学』（2010年）
『民主党政権下の日本政治―日米関係・地域主権・北方領土―』（2011年）
『日本政治をめぐる争点―リーダーシップ・危機管理・地方議会―』（2012年）
『現代政治の争点―日米関係・政治指導者・選挙―』（2013年）
『現代政治論―解釈改憲・TPP・オリンピック―』（2015年）
『民主党政権下の日本政治―鳩山・菅・野田の対米観―（増補版）』（2016年）
〈共　著〉
『ジャパンプロブレム in USA』（三省堂，1992年）
『日米首脳会談と政治過程―1951年～1983年―』（龍溪書舎，1994年）
『「日米同盟関係」の光と影』（大空社，1998年）
『名著に学ぶ国際関係論』（有斐閣，1999年）
『行政の危機管理システム』（中央法規，2000年）
『政権交代選挙の政治学―地方から変わる日本政治―』（ミネルヴァ書房，2010年）

2019年4月5日　初版発行　　　　　　　　　略称：ラジオ政治学

ラジオで語った政治学

著　者　Ⓒ　浅　野　一　弘
発行者　　　中　島　治　久

発行所　**同文舘出版株式会社**

東京都千代田区神田神保町1-41　　　　〒101-0051
電話　営業(03)3294-1801　　　　　　編集(03)3294-1803
振替　00100-8-42935　　　　　　　http://www.dobunkan.co.jp

Printed in Japan 2019　　　　　　　　　　製版：一企画
印刷・製本：三美印刷

ISBN978-4-495-46600-8

JCOPY〈出版者著作権管理機構 委託出版物〉
本書の無断複製は著作権法上での例外を除き禁じられています。複製される場合は，そのつど事前に，出版者著作権管理機構（電話 03-5244-5088，FAX 03-5244-5089，e-mail: info@jcopy.or.jp）の許諾を得てください。